语文的世界

小学全景语文教学的实践与研究

刘秀清◎主　编
肖启荣◎副主编

九　州　出　版　社
JIUZHOUPRESS

图书在版编目（CIP）数据

语文的世界：小学全景语文教学的实践与研究 / 刘
秀清主编. -- 北京：九州出版社，2020.7
ISBN 978-7-5108-9243-1

Ⅰ.①语… Ⅱ.①刘… Ⅲ.①小学语文课－教学研究
Ⅳ.①G623.202

中国版本图书馆CIP数据核字（2020）第115775号

语文的世界：小学全景语文教学的实践与研究

作　　者	刘秀清　主编
出版发行	九州出版社
地　　址	北京市西城区阜外大街甲35号（100037）
发行电话	（010）68992190/3/5/6
网　　址	www.jiuzhoupress.com
电子信箱	jiuzhou@jiuzhoupress.com
印　　刷	河北盛世彩捷印刷有限公司
开　　本	710毫米×1000毫米　16开
印　　张	13
字　　数	210千字
版　　次	2020年7月第1版
印　　次	2020年7月第1次印刷
书　　号	ISBN 978-7-5108-9243-1
定　　价	49.00元

编委会名单

主　编：刘秀清

副主编：肖启荣

顾　问：孔凡艳

编　委：董光利　田秀娟　刘海燕　巩海凤　吴　瑞
　　　　闫栋华　李书嘉　何　悦　李　冉　王　轩
　　　　马　帅　李　峥　胡　顿

序 言／

2016 年 9 月，教育部发布《中国学生发展核心素养》，指出中国学生发展核心素养要以科学性、时代性和民族性为基本原则，以培养"全面发展的人"为核心目标。语文学科作为基础性学科，首当其冲地要把提升核心素养放在重中之重的位置，发挥出应有的作用。

基于对语文学科核心素养结构中语言建构与运用的基础性语言与思维及审美的共融性等全方位的思考，北京市顺义区李桥中心小学校自 2018 年起，在校长刘秀清的带领下，结合学校特色，主动探究全景理念指导下的语文课程改革，提出了"全景语文"的理念，让语文学科核心素养与学生核心素养、个体素养融为一体，促进学生的终身发展、全面发展、个性发展。

全景语文中的"全景"，是指课程实施过程中，通过营造真实的场景，打开学科之间的壁垒，拓宽课程的厚度与广度，达到全学科育全人的目的。落实到语文学科，即要求教师在教学实践中要整合课程资源，构建多元、开放、立体的大学科、大阅读、大课堂，帮助学生在阅读、习作、口语表达等各方面融会贯通，从而提升语文核心素养，促进自主阅读，自主发展。

研究开展两年以来，教师们一边实践一边思考，取得了一些阶段性成果。这本《语文的世界：小学全景语文教学的实践与研究》，即是教师们近年来实践与思考的集中体现。

此书分为三个篇章。一是理论探索篇章，主要包含教师在探索全景语文过程中的论文、结题报告等，这些成果，对推进与深化全景理念具有很好的指导作用。二是教学实践篇章，主要包含一线教师在全景理念指导下的一些优秀课堂教学案例。这些案例经过教师反复打磨，希望能够引起更多教师对全景语文教学的思考。三是拓展阅读篇章，为了让教师在教学时有抓手，我们以新课程为依据，多角度、全方位地遴选了与课文相匹配的文章，并在每篇文章后设计五大阅读板块，以此达到拓宽视野，提升学生能力的目的。

本书凝聚着教师们辛勤的劳动与汗水，是教师们智慧的结晶！希望在所有教师的共同努力下，全景语文的研究能够取得新的进展和新的成果，也希望有越来越多的教师能够加入全景语文研究的行列，为提升学生语文素养贡献力量。

编 者

2020 年 5 月 31 日

目 录 /

第一章　理论探索

第二章　教学实践

第三章　拓展阅读

第一章

理论探索

　　"全景语文"是在学校"全景课程"的背景下提出的。"全"即全学科，全过程育全人；"景"即真实的场景。在"全景语文"理念的研究和实践过程中，教师将自身的思考、研究付诸笔端，形成了一个个课题、一篇篇论文。本章中的这些成果，对于"全景"理念推进 与深化具有很好的指导价值。

小学语文主题阅读教学实践的研究

刘秀清

一、课题提出的背景

（一）语文教学改革的需要

《义务教育语文课程标准（2011 版）》对于拓展阅读提出了明确的要求：语文课程，应让学生更多地接触语文材料；要利用图书馆，网络等信息渠道尝试进行探究性阅读，扩展阅读面；课标还提出了阅读的字数要求，第一学段阅读量不少于 5 万字，第二学段不少于 40 万字，第三学段不少于 100 万字。新课标的这一理念，让拓展阅读成为当前阅读教学的主旋律，许多语文教师将拓展阅读定为课堂的教学亮点。但经过沉淀和反思，我们也发现了弊端，即拓展阅读出现了泛化和低效的现象。主要表现为：文本功能发挥不足、随意添加盲目拓展、拓展内容偏离主旨、拓展阅读流于形式等。低效甚至无效的拓展影响了语文课堂的质量。如何选择拓展阅读的素材，如何进行拓展阅读，让拓展阅读真正发挥它的价值，达到开阔学生视野，激发学生阅读兴趣，全面提升学生语文素养的作用，还需要必要的指导和引领。

（二）学校课程建设发展的需要

学校的办学理念是面向全体师生，关注全面发展，注重全过程培养人，最终实现全景视野育全人。为落实这一理念，学校自 2001 年课改以来，不断进行课程探索，让师生在课程建设中全面、个性、可持续发展，实现全学科育人、育全人的目标。为实现全景语文，语文学科必须要进行改革，要求教师要转变观念，课堂要开放，要注意强调真实场景，要关注学生语文素养的全面提升。

因此，为了改进现存问题，我们以《小学语文主题阅读教学实践的研究》为题，进行研究。

二、研究的目标及意义

（一）研究的目标

1. 改进教师课堂教学行为

教师要有创新意识、教材重组意识，并探究课堂阅读和学习方式，向全学科教师靠拢，引导学生在更为丰富的空间学习语文，用语文去思考问题，迎接生活。

2. 开发课程教学资源

在以主题为线索的基础上串起相关联的文本，建立资源共享的平台，在教材、课外阅读材料、网络资源之间搭建有效的链接，把课内与课外紧密结合起来，建设高质量的阅读资源库。

3. 促进阅读习惯养成

培养学生逐步具备主动阅读的能力，养成自主阅读的习惯。从多读中去感悟，形成更丰富的认知和情感体验，体会语言文字的优美，让课堂浸润书香。

4. 营造书香校园

让校园充满书香，让阅读成为学生向上生长的力量，成为校园最美的风景。

（二）研究的意义

小学语文主题阅读，将零散的大量的阅读材料，借助一个个"主题"整合，并进行有层次、有系列地阅读指导和训练，最大限度地挖掘阅读力量，建构立体开放的主题阅读空间，帮助学生有效开阔阅读视野，形成阅读体系，提高了拓展阅读的实效，让学生享受阅读的美好，在阅读中成长。

主题阅读，是以课堂教学为主，以课外阅读为辅的多读的教学实践，在引导学生与多个文本（素材）碰撞交融中，进行欣赏、思考、感悟、理解，让学生在学习语言的同时获得对主题内容更全面和深入的领悟，对于引领当下课堂和课程教学改革提供技术和方法的支持和力量。

"书香承载梦想，阅读改变人生"，主题阅读强调阅读的系统性，更容易激发阅读兴趣，培养阅读习惯，助力构建书香校园文化。

三、核心概念的界定、研究内容及研究方法

（一）核心概念的界定

主题阅读：文本主题阅读指的是围绕一个核心主题自主选材，将相关联的内容整合，进行拓展阅读的实践，让学生围绕文本主题对相关文本进行阅读，自读自悟，提高阅读能力。

主题阅读中主题范围不局限于一个单元，可根据教材、学生生活等确定，可以是一个节日、一位名家、一场演出、一些动物、一本书、一段历史等，根据所选主题开展阅读教学实践，通过高密度、大容量的相关内容组合阅读，形成立体的语文阅读空间，有利于学生进行系统的知识架构和思维重组，进而提升学生阅读兴趣，培养阅读品质。

（二）研究内容

1. 主题选文的确定与划分

通过分析教材的人文主题与言语训练点，结合教师实践，提炼出"选文划分"的角度。

2. 课堂教学策略研究

从不同方面总结出小学语文主题阅读的教学实践策略，主要探讨课前准备、课中实施，课后实践的教学策略。

3. 综合实践活动案例研究

探究不同主题适合开展的实践活动，使学生的语文学习由课内引向广阔的读写空间、生活空间。

（三）研究方法

调查法：采用问卷、谈话等方法进行阅读现状、需求调查，为研究提供科学依据。

案例研究法：理论基础的研究要着眼于为实践服务，将研究落到实处，本研究以来自一线的教学案例进行分析为重点，以期为今后的教学提供参考。

行动研究法：以二至五年级为主，开展主题阅读课堂教学实践，在实践基础上验证、调整、改良教学行为。

四、研究成果及分析

（一）认识层面

1. 转变了教师的教学理念和教学行为

小学语文主题阅读，需要大量的阅读材料，教师则需要到课外进行广泛的阅读，并选择拓展文本，再借助一个个"主题"将阅读材料整合，形成有体系的阅读资源。通过主题阅读的不断实施，教师对文本的解读能力，对阅读材料的搜集、驾驭和整理能力及教师的专业能力和综合素养都将在无形中得到提升。

主题阅读教学的有效实施，对教师课堂驾驭能力提出了新的挑战，教师的理念必将逐渐发生转变。在主题阅读实施过程中，教师需要深入阅读文本，抓住关键和核心问题，进行有层次、有系列的阅读指导和训练，建构立体开放的主题阅读空间，帮助学生有效开阔阅读视野，这就要求教师必须摒弃传统的"一问一答"式的教学模式，变为探究式的学习互动活动。主题阅读的课堂真正成为师生围绕同一主题进行充分对话的过程。

2. 提升了学生的阅读兴趣和语文素养

（1）激发了学生的阅读兴趣

学生在主题阅读实施过程中，接触到大量不同文本，不同文体的课外阅读材料。很容易会对某个文本、某类主题、某个现象产生兴趣，进而产生了积极主动的自主阅读行为。例如，在学习"秋天"主题时，课内外拓展阅读材料较为丰富，既有描写秋天美景的，又有写秋天情趣的，还有写关于秋天的诗歌等，学生阅读欲望增强。

（2）提高了学生的阅读能力

叶圣陶说，许多文化名人都是读书读出来的，他们有个诀窍，就是熟读名文，读着读着，自己就顿悟了。阅读能力是学生语文学习的基础能力，在主题阅读实施过程中，学生海量阅读了拓展的大量文本，在海量阅读中，学生增长了阅读能力和才干。阅读过程变成了学生主动参与并不断思考的过程，学生的阅读力与思维力有效得到了提升。两年来，学生参与语文阅读能力展示，成绩优异。

（3）落实了学生的主体地位

当前的语文课堂多是一节课只学一篇课文，老师在教学过程中不停地讲，不停地问，学生就在被动地听，被动地说。学生的主体地位难以落实。然而，主题阅读在实施过程中，学生大量阅读文章，在与文本的对话、思考，师生的交流中，落实了学生的主体地位。主题阅读的课堂中学生主人翁意识凸显。

3. 形成了学校全景语文的教学品牌

学校的办学理念为全景育全人，我们的课程建设围绕学生发展核心素养，融合多学科内容，采用主题研究形式，在真实场景创设中培养学生核心素养。所有国家课程我们都遵循"厚度与宽度"的原则，尽可能多元、全景。语文学科以主题阅读为突破口，巧妙地实现了向全景语文的转变。从基础性课程到拓展性课程，实现了推进阅读，为学生创设多元的、无边界的课程空间，使学生有更多的学习机会。

（二）实践层面

1. 梳理出了主题阅读选文的几个原则及维度

（1）主题阅读选文的基本原则

与教材同步原则。在对主题阅读进行选文时，教师应根据教材的编排顺序组织主题的选文。例如，高年级我们进行了"语言的魅力"主题的阅读，如果将这一主题放在低中年级进行，将不会利于学生阅读，另一方面学生积累量不够，也不易理解文章。只有当我们的选文与教材课文相互补充时，才能更好地引领学生进行主题阅读，让学生在阅读中对主题产生更为深刻的理解。

贴近儿童生活原则。生活与阅读密不可分，生活可以成为阅读的"教材"，阅读也可以成为生活的"教材"。在进行主题阅读选文时，尽量符合学生的心理特点，贴近学生生活，从而才能更好地激发学生的阅读兴趣。例如，在学习《春天》这一主题时，我们选取了写春天美景、赞美春天的诗歌，另外还会补充一些描写春天独有现象的文章，例如，蜜蜂采蜜，蝴蝶飞舞等，这样更贴近学生生活，激发起学生的学习兴趣。

增加传统文化内容原则。语文教学还肩负着传承中华优秀传统文化的重任，所以在选文时，我们一直倡导在拓展时，要尽量拓展一些传统文化篇目，这不仅有利于孩子的语文学习，更重要的是，有利于学生从传统文化中得到精神的滋养。

（2）主题阅读选文的几个维度

在主题阅读教学实施之前，最开端的一环应是围绕主题，确定选文。因此，在进行主题阅读教学之前，首先要明确教学主题，选择阅读材料，通过两年多的研究，我们认为可以从以下几个方面进行选文：

选择与人文主题类似的材料。在主题阅读实施之前，教师可以依据单元人文主题，选择与之相类似的材料，提升学生对这一主题的认识。在教学三年级上册"秋天"单元时，选择课外拓展资料《秋姑姑》《秋天》《秋天的校园》《初秋》《山乡秋色》《田野秋色》等与秋天这一主题类似的文章，增进学生对秋天的了解。在教学五年级上册"四时景物"单元时，进行课外拓展资料，选择与四季这一主题相类似的文章，例如：《济南的冬天》《春》、秋天的诗两首、夏日诗两首等。

选择体裁类似的材料。在教学《夸父追日》《女娲补天》等神话体裁的文章时，拓展《后羿射日》《精卫填海》《盘古开天辟地》《嫦娥奔月》《大禹治水》等中国古代神话传说，加深学生对神话这一主题的认识。在教学三年级下册《寓言二则》一课，课文选择了《鹬蚌相争》《郑人买履》两篇文章，在进行课外拓展时，就可以多选择与这一体裁相同的文章，《拔苗助长》《刻舟求剑》《狐狸分奶酪》等，感受故事情节生动有趣，寓意深刻的体裁特点。在进行三年级童话单元的教学时，课文选编了《卖火柴的小女孩》《牛肚子里的旅行》等四篇童话，在进行课外拓展阅读时就选择与童话体裁相关的文章，如《稻草人》《皇帝的新装》《海的女儿》《白雪公主》《黑天鹅》《小红帽》《快乐人的衬衫》《木偶奇遇记》等与童话故事类似的文章。

选择与表达方法相类似的材料。在《翠鸟》这篇课文中，作者通过描写翠鸟的形态之美以及捕鱼动作之迅速，在一动一静中，一只活灵活现的翠鸟展现在眼前，选择同样以动静结合方式描写的《我家的芦花鸡》《鹦鹉》《松鼠》等文章进行拓展，提升学生对动静结合这一写法的了解。在《七颗钻石》这篇课文中，作者运用反复的手法写出了钻石的变化，拓展阅读选用同样运用反复手法进行叙述的《善良的丑蛤蟆》及绘本故事《犟龟》，促进学生对"反复"这一写法的认识，为后续的迁移运用做铺垫。

2. 确定了主题阅读的教学目标定位及课堂实施阶段

（1）主题阅读教学目标的定位

确定教学目标是开展教学活动的第一步，主题性阅读教学目标的定位应立足于知识与能力、过程与方法、情感态度与价值观的三个维度高度整合，培养学生的语文能力。

第一，少而精。主题阅读教学目标设定应围绕主题设置连贯的两三个目标，抓住核心问题即可，懂得取舍，去掉细枝末节，能以具体的教学任务的形态呈现，简洁明了。

第二，小而实。教学目标设定要注重语言文字人文性与工具性的统一，着眼于细小的语言文字的使用，能落到语文学习与训练的实处。引导学生走进语言、去发现与思考、去领悟、去实践、去运用。而不能仅仅关注文本所要传达的思想感情。

（2）课堂实施的主要阶段

主题预学阶段。教学是一个循序渐进的过程，在正式进入主题阅读教学之前，学生对这一主题下的选文进行预习并分享预习成果，在经过学生交流互答与整理之后，带着主要问题进入学习过程。在这一过程中，交流是相互的，最终要解决的问题便可以构成文章的重难点。

主题探索阶段。师生围绕主要的问题进行教与学的活动，对主题的理解可以是多元的，因为每个读者都有自己独特的感悟。围绕主题，由浅至深，在教师的不断引导下，在一步步对文本内容的解读中，层层落实，以逐步形成对文本内容深入的见解。

主题升华阶段。小学语文不应该是"小语文"，而应该是"大语文"，所谓的大不是指知识，而是指语文的视野、格局。在主题阅读教学中，通过多次对文本的碰撞与融合，丰富学生的情感、态度与体验，提升学生整体语文素养，从而使教育更有意义。

3. 探索出了小学语文主题阅读教学的实践策略

（1）课前组织策略

课前组织策略源于奥苏泊尔的有意义接受学习理论。主题阅读教学的课前组织策略是为学生进入主题阅读所做的前期教学准备，以便学生在教学活动中进行高效学习。本课题在研究过程中对课前组织策略进行了梳理与提升，发现了一些行之有效的组织策略。于教师而言教研组集体备课。于学生而言课前预习、批注式阅读等策略，为学生进入主题阅读做好准备。

教研组集体备课。主题阅读教学一个显著特点就是整体视角，教师在进行备课时要有整体的意识。在实施主题阅读教学之前，教师要熟悉整个主题的课文、训练要点（语文要素）、实践活动等，要做到心中有数。主题备课可以采用以下三种方式：第一，课前自主备课，即教师根据所确定的主题以及材料，进行自主设计。用心思考文本与文本之间的联系点，对主题下的教学目标充分设计，提前构思教学活动，把握主要教学过程，做到全面掌握，细致分析。第二，教研组集体备课。自主备课阶段已经对文本教学重点难点做到了细致的分析。教研组对主题教学设计进行充分研讨，不断完善，形成较为成熟的主题阅读教案。第三，课后完善阶段，在上完课后，及时整理反思本节课的得失，吸取经验教训，不合适的教学设计要及时改进，实践出思路。在教学实践之后，认真思考，及时反思教学内容。

学生预习。主题阅读教学，教师整体设计，课堂容量较大，学生有必要进行有目的有计划地预习。学生在进入主题阅读教学之前，阅读整组文章，圈画出不理解的地方，初步认识生字问题，圈画出印象深刻的语句，对感兴趣的地方写出自己的批注。为了掌握预习情况，可以请学生分享交流预习成果，引起学生的重视。

（2）课中实施策略

对比阅读。对比阅读就是把同一组相关联的文章整体进行阅读，发现共同点和不同点，在分析对比中，有助于学生了解表达方法及体裁风格等特征。例如，在进行神话这一单元的教学时，教师将教材中的《精卫填海》《盘古开天地》《女娲补天》《普罗米修斯》、拓展阅读《夸父追日》《羿射九日》等神话故事，通过对比，总结神话具有神奇的想象、夸张的情节等特点，有助于学生系统了解这一体裁的特点。

又例如，在教学《瀑布》这一课时，教师拓展描写瀑布的古诗及散文，通过类比阅读，学生体验同样是描写同一事物，感悟到不同体裁的表达效果是不同的。再如，在教学《搭船的鸟》一课时，拓展阅读《翠鸟》，通过对比阅读，体会到不同作家描写同一动物表达方法的相同与不同。

聚焦训练点。无论是同一体裁的主题阅读，还是不同体裁同一主题的阅读，都是提倡以这种主题阅读的方式，可以在扩大阅读量的同时，让学生在阅读中有所感悟，有所收获。所以，在主题阅读教学中，就要求教师一定要聚焦重点，有计划、有步骤地实施教学。

例如，在教学《七颗钻石》时，引导学生发现"反复"的特点，继而揭示"反复"的定义，然后类比阅读《犟龟》《善良的臭蛤蟆》，引导学生发现故事的相同点与不同点，强化对"反复"这一表达形式的认识，之后出示图片引导展开想象，并运用"反复"这一方法，进行故事创编。整个主题阅读围绕"反复"这一表达形式展开，学生由学到用，有效地落实了训练这一重点。

再有，在教学《为中华之崛起而读书》时，教师通过引导学生发现可以通过提取课文描述的三件小事，继而将三件小事进行串联的方法概括文章主要内容这一方法后，拓展了《一夜的工作》《周总理的一天》，在使周总理形象丰满的同时，训练了概括文章主要内容的方法。

（3）课后实践策略

在主题阅读教学中，常常在一个主题学习结束之后，开展一次综合实践活动，来丰富学习的内容。例如，在学习完"秋天"这一主题后，组织学生秋游、制作落叶画等活动，深化对这一主题的认识。在学习完"长征"这一主题后，组织学生观看长征的电影，加深学生对这段历史的感悟。在学习完"童话"这一主题后，开展童话故事会以及整本书阅读活动，了解童话故事特点；在放寒假之前，开展"欢欢喜喜"过大年的主题活动，从多个方面全方位了解中国的"年"文化。

五、存在的主要问题及展望

（一）主要不足

由于我校原有的师资力量有限，加之本课题组的研究者多是一线的语文教师，因此，对课题的理论构建能力显得不足，在课题研究过程中缺少时间做保障，以至影响课题研究的更有力的推进，制约课题效果的充分展示。

（二）课题展望

进一步探索统编教材主题阅读教学的实施策略。

进一步探讨所有学科主题教学的实践方法与途径，使更多教师参与到主题教学实践中来。

参考文献

[1] 关美玉. 小学语文主题阅读教学策略的研究 [J]. 课程与教学, 2017：06.

[2] 徐世赟. 主题阅读的教与学 [M]. 广西：广西师范大学出版社, 2019.

[3] 张新州. 窦桂梅与主题教学 [M]. 北京：北京师范大学出版社, 2019.

[4] 李怀源. 小学语文单元整体教学理论与务实 [M]. 北京：人民教育出版社, 2017.

[5] 林丽. 小学"主题阅读教学"实施研究 [D]. 呼和浩特：内蒙古师范大学论文, 2019.

[6] 李凤. 小学语文主题阅读教学设计研究 [D]. 西安：陕西师范大学论文, 2018.

小学语文传统与现代共生的教学实践研究

刘秀清　肖启荣

一、课题提出的背景

（一）承接十二五课题研究

十二五期间，我校曾经参与过"少教多学"课题的研究，子课题"小学语文阅读教学中实现'少教多学'的策略研究"，被评为优秀课题。经过我校教师团队三年在教学研究和实践中不懈努力，我们已经探索出阅读教学中实现"少教多学"一些策略，老师们的教学理念和教学行为都发生了许多变化，我们的语文教学取得了可喜的成绩。因此，在此研究基础之上，我校继续申请了十三五期间的子课题，即"小学语文传统与现代共生的教学实践研究"，希望能够承接十二五期间的课题研究，继续改善语文课堂教学和课程建设中不足之处，让语文学习更加适应学生发展，更好地为学生核心素养的提升而服务。

（二）语文学习现状分析的必然

当前的课程改革，让语文教学发生了许多可喜的变化，大语文观已经得到了老师们认可，语文课堂变得越来越开放。

1. 理论依据

我国古代最早也是世界上最早的一篇专门论述教育和教学问题的论著《学记》，明确提出了"喻"的概念："君子之教，喻也。""喻"意为晓谕、开导，抑或启发诱导，就是说教师要通过启发诱导的方法来对学生进行教育教学，也相当于我们如今所说的"启发式教学"。当代以郭思乐教授创立的"生本教育"的思想和教学方式为引领，也是以生命为本的教育，是真正做到以学生为学习的主人，为学生好学而设计的教育，它既是一种方式，更是一种理念。以生为本、教师少讲、先学后教等理念正在被越来越多的老师认可，老师们将这些理念转化为教学行为，大部分教师能够把握好尺度，灵活驾驭课堂和学生。课堂上教师一言堂的现象不再出现，学生成为课堂的主角。可是也有小部分教师在课堂上对学生过分尊重、过度包容，以至于带来对学生的评价针对性不强，对学生的错误视而不见，部分学生也出现价值判断失衡的现象。

2. 阅读内容

通过大量的、多种形式的拓展阅读，实现了少教多学，提升了学生的语文能力。但是，因为融入和增加的内容较多，如：低年级融入绘本阅读，中年级融入童话故事学习，高年级融入人物传记的欣赏和评析，融入戏剧和表演等，老师们普遍觉得学习时间不足，或者挤占了对于语文课文的学习，对于学科本质的内容学习逐渐出现了弱化的现象。

语文课堂究竟该坚守什么，哪些内容该保留或舍弃，部分教师出现了迷茫，出现了困惑。

3. 加强传统文化教育的需要

中华传统文化博大精深，是中华民族生生不息，发展壮大的丰厚滋养，汲取民族文化智慧，是培养学生民族认同感与自豪感的宝贵财富。尊重多样文化，吸收人类优秀文化的营养，提高文化品位，加强中华优秀传统文化教育，对于实现民族复兴的伟大中国梦，具有重大而深远的历史意义。新版语文课程标准强调要在小学教育中大力弘扬国粹，传承经典。中高考的语文改革也在不断提醒我们，要重视传统文化。

4. 信息社会发展的需要

当今世界，经济全球化趋势日渐增强，现代科学和信息技术迅猛发展，新的交流媒介不断出现，让语言生活不断改变着。随着互联网时代的发展，全景式语文学习、翻转课堂、无边界学习等高端先进的学习理念、丰富的学习内容和先进手段，为语文课堂更高效带来了便捷，为学生语文素养再提升实现了助力。对人们的语言文字运用能力和文化选择能力提出了更高的要求，也给语文教育的发展提出了新的课题。

综上分析，在此背景下，如何将传统与现代进行有效对接，实现理念、实践的共生存同发展，具有重大的现实意义。

二、研究目标及意义

（一）研究目标

1. 教学理念的和谐统一

随着对教学研究的不断深入，教学理念越来越丰富多彩，虽然没有一种理念是万能的，但需要对这些理念加以融合，进而提炼出学校本土化的、适合学校发展的核心教学理念。

2. 传统和现代学习资源的有机整合

我国传统文化博大精深，究竟应该将哪些内容、以怎样的形式、在什么时机引入、如何进行评价等还需要斟酌和挑选。当传统与现代资源发生时代性、价值判断等冲突时，该怎样取舍与协调，这些问题都需要在课题研究中解决。

3. 传统与现代的教学方法和手段合理运用

目前有些老师依然坚持使用传统的教学方法，不能接受新的教学手段，也有教师对于新技术热衷喜爱，而忽略了传统的教学方法中好的一面，所以需要科学选择合适的手段，进一步将二者有机协调，探索新时代下的高效学习方式。

（二）研究意义

1. 理论意义

（1）此课题的研究，可以进一步完善和丰富小学语文教学相关理论，帮助教师更新语文教学理念，努力营造一种和谐，开放的语文教学课堂。

（2）此课题的研究，有利于促进学校开展学科课堂教学研究与课程建设，可从理念和方法层面给其他学科提供借鉴，为今后语文教学研究提供相关参考。

2. 实践意义

（1）实现语文课堂向高效课堂的转变，提升语文教学质量

通过此课题研究，有利于教师正确把握语文学科的本质内容，运用优化的教学理念以及教学方法指导学生学习，提升教师专业素养的同时，实现向高效课堂的转变，促进了语文教学质量的提高。

（2）为教师今后的语文教学提供有效的实践指导

本研究旨在研究传统与现代的教学理念的基础上，实现传统与现代教学资源的整合，教学方法和手段的共生，符合当前语文课程改革的方向。因此，本研究能够为一线教师今后的语文教学提供有效的实践的指导。

（3）促进学生语文核心素养的全面提升

教学最终服务于学生，通过开展此项研究，将有利于学生在和谐、快乐的氛围内学习语文，最终促进学生语文核心素养的全面提升，培养高素质的未来人才。

三、核心概念界定、研究内容及方法

（一）核心概念的界定

此课题中的"小学语文传统与现代"既包含小学语文教材中传统文化与现代文化的学习，又有传统教学理念与现代教学理念的建构，还有传统学习方式与现代学习方式的使用。

共生：即是传统与现代共同生存，共同发展，共同促进。

（二）研究内容

1. 传统与现代的教学共生的理念

通过大量搜集、分析传统以及现代教育理念，研究出符合学校现状的语文教学核心指导理念。

2. 传统和现代的教学共生的资源

根据本校学生实际情况，搜集、整理适合小学生学习的优秀传统文化，集结成传统文化学习资源，供学生课内外学习阅读；结合当前时事形势，将语文学习的范围延至学生生活、交际的全部；探索传统文化和现代信息二者有机整合，形成具有中国特色和现代元素融合的语文课堂和语文课程。

3. 传统与现代的教学共生的方法和手段

根据学习内容和学生学习规律，研究出适合的学习方式和手段，既不抛弃传统的讲授等方式，又要充分发挥科技信息时代的优势，实现语文学习的经典与前沿的共存共促。

（三）研究方法

调查法：采用问卷、谈话等方法进行阅读现状、需求调查，为研究提供科学依据。

案例研究法：理论基础的研究要着眼于为实践服务，将研究落到实处，本研究以来自一线的教学案例进行分析为重点，以期为今后的教学提供从参考。

行动研究法：以二至五年级为主，开展课堂教学实践，在实践基础上验证、调整、改良教学行为。

四、研究过程及推进策略

（一）建立课题组，形成研究的力量

我们的研究是基于当前语文教学的问题而开展的研究，最终研究结果是为了促进学生的发展，于是，我们本着双向选择的原则，从全校语文教师中选取具有丰富教学经验且具有一定研究能力的教师组成课题组，形成研究力量。

（二）分解、认领子课题，确保研究的深入开展

依据课题组成员的个人兴趣和思考点，我们将"小学语文传统与现代共生的教学实践研究"分解为不同的子课题，成立子课题小组，子课题研究内容可以从研究计划中选定，但是，必须与大课题的研究相关。

子课题的划分有利于教师集中精力，使研究能够更加深入。而这些子项研究相互支持，相互联系，相互渗透，协调推进大课题研究。

（三）完成相应的文献综述，奠定研究的基础

在课题推进的过程中，每位课题组成员都要通过阅读专著、报纸杂志、搜索网络资源等途径，查阅学生综评的相关文献，并在充分阅读的基础上做文献综述，以便了解当前的研究现状。

（四）组织公开课，搭建交流和研讨的平台

在课题推进的过程中，我们安排每一个子课题研究小组进行教学展示，教学要呈现子课题的研究成果和研究进展。并且聘请语文专家进行点评，形成研究的现场，营造研究的气氛，促进教师们的思辨性研讨。

（五）立足研究现场，进行实践检验

通过一系列的培训、实践、总结以后，我们会定期将形成的认识和方法运用到教育教学实践中进行检验，以便及时发现问题，进行改进。

（六）借助专家力量，把握研究方向

每经过一个阶段的研究，我们都要聘请该领域的相关专家进行指导，借助专

家的力量，把握研究的方向，梳理研究的成果。

（七）反思改进，梳理认识、撰写案例

研究、实践、指导等过程，只有经过梳理，形成认识，才能真正引起教师行为的改进。为了固化认识，我们依托行政力量在全国全市全区范围内组织老师们参加各项撰写论文、案例的比赛，通过这种方式，提炼教师的认识，在工作中实现引领。

五、研究成果及分析

（一）认识层面

1. 提升了教师的传统文化素养

教育的主体是学生，教育的关键在于教师。通过研究，老师梳理、了解了大量传统文化知识，教师的传统文化素养得到显著提升。在我区"临空杯"青年教师、骨干教师比赛上，我校大部分老师成绩优异。

2. 激发了学生的学习传统文化的兴趣

兴趣是学生最好的老师。学校通过课题研究，学生传统文化知识储备增多，知识的广度与宽度被打开，教师课堂的改变，学校活动的举行，大大激发了学生学习传统文化的兴趣。不少学生主动加入国学社团、阅读社团，主动报名参加学校各种有关传统文化的活动。

（二）实践层面

1. 探索出了适合我校语文教学的传统与现代共生的教学理念。

经过不断探索研究，我们围绕学生发展核心素养，以"语文教学"为突破口，巧妙地实现了"单一语文教学"向全景语文的转变。从基础性课程、到拓展性课程，实现了推进阅读，为学生创设多元的、无边界的课程空间，使学生有更多的学习机会。

2. 探索出了传统与现代共生教育的策略

（1）运用信息技术手段，拉近传统与现代的距离

随着教育发展和时代进步，学生的眼界逐渐打开，学生的知识的广度和深度逐渐提升，传统的教学方式已经难以吸引学生的注意力。再加之传统文化与学生

现在生活距离较远，更难以产生共鸣。因此，在传统文化教学中，首要之事就是改变教学方式，拉近传统文化与现代的距离。教师可以运用图画、摄影、幻灯、音乐、语言描述、动作演示等现代教学方法与手段，创设生动的教学场景，使学生融入情境。也可以在课堂上采用"飞花令、百里挑一"等方式，激发学生学习的积极性。例如：在我校教师执教《爱国诗三首》时，就将诗人的图片、创作背景等资料，通过幻灯片的形式进行展现，让学生了解了古诗的产生背景以及当时诗人的遭遇。在朗诵时，通过古乐渲染，使学生完全沉浸在了诗歌所表达的情感之中。在传统文化教学中，适当运用现代化教学手段，使二者有机融合，引导和帮助学生更好的学习传统文化，提高学生的人文素养和文化底蕴。

（2）营造氛围，开展活动，让传统文化无处不在

传统文化的传承和教育，不是一件强制性、机械性、一朝一夕就能完成的事情，而是一次耳濡目染的浸润过程。结合小学生的年龄特点，我校在课堂上甚至校园内营造浓厚的传统文化氛围，将传统文化融入学生学习、生活的每个场景之中，让学生抬眼可见，处处可见。例如，我们在校园教学楼墙壁上张贴了100余首古诗，在停车场外修建了"弟子规"栅栏，在楼道内张贴了古代名人名言……使学生时时刻刻处于传统文化的氛围中。除此之外，我们还开展了丰富多彩的传统文化活动，掀起了我校学习传统文化的热潮。例如，我校以学习古诗词为主题开展的古诗词趣味闯关、诗词大会、古诗文诵读大会活动，以游玩、表演、竞赛的方式，提升学生对古诗词的理解。我们还结合特殊节日开展的语文学科实践活动，让学生亲身体验了传统文化的内涵，感受传统文化的魅力。

李桥中小"传统文化"活动安排表

月份	活动安排
1月	班班诵读
3月	国学诵读展示
4月	诗画展
5月	古诗闯关
6月	诗词大会
9月	成语大赛
10月	讲故事比赛
11月	传统文化知识擂台赛
12月	情景剧展演

通过氛围营造和举办活动，我校学生学习传统文化的兴趣逐渐被点燃，积累量也不断增多。学生的文化素养明显提升。在顺义区举办的三五年级素质调研活动中，我校连续多年名列前茅；在区工会组织的一系列有关传统文化的活动中，我校也有多名选手荣获奖励。

3. 探究出了小学语文传统与现代共生的几种教学方法

（1）营造真实的学习情境

不少传统文化内容离生活较远，学生很难产生共鸣。从学生生活的实际出发，联系生活实际，营造真实的情境的教学可以激发学生学习兴趣，点燃学习热情，增强学生学习的效果。

例如，我校教师在执教五年级《古诗三首》一课时，通过设置"古诗推荐会"的情境，巧妙将古诗与学生生活想联系，激发了学生热情。

在教学《姓氏歌》一课时，上课伊始，教师介绍，我姓朱，我爸爸姓朱，我爷爷姓朱，引导学生发现中国姓氏的特点，理解姓氏代表古代表家族血缘的继承。授课结束时，教师展示百家姓，让学生从百家姓中找出自己的姓氏，激发他们对自己姓氏的自豪感，感受到身边的优秀传统文化。

（2）趣味品读

让孩子浸润在传统文化的精髓之中，不仅仅是习得丰富的语言知识和技能技法，更在于传承更多有意义的精神内涵，感受到传统文化之美。如：愚公移山的精神，值得我们去继承和发扬。如此，学生就会觉得自己所学的不是与现在毫无关联的"老古董"，而是鲜活的，与生活息息相关的精神财富。要想深入了解传统文化的精髓，就一定要品读课文，了解含义。然而在教授此类文章时，不少教师都采用逐句翻译，逐句背诵的方式来帮助学生品读，长此以往，学生觉得枯燥乏味，索然无味。

随着研究的不断深入，我们探究出了如今教学中适合教学"传统文化"内容的几种方法，分别为：对读、吟诵、古诗今唱、提升学生对传统文化的认识，激发学生学习传统文化的兴趣。

例如，我校刘老师执教的《鹅》这首古诗时，课堂上播放儿童合唱团演唱的《鹅》，带领学生一起把古诗唱出来，这种用现代方式唱古诗的方法得到了全班学生的喜欢，在优美的音乐中，孩子完成了品读背诵的任务。

（3）想象体验

杨金林说："作用于听觉和视觉的语言文字本身没有意义，有意义的是隐藏于视听信息背后的弦外之音，言外之意，这些要靠心灵的眼和耳来把握。这心灵的眼与耳就是人生的积累和人心灵的感悟能力。"那么，要想体验到文化的美，就需要在文本与心灵之间搭建桥梁，展开想象体验。想象体验，可以让文字转化为画面，跃于头脑之中。

（4）读写结合

学习优秀传统文化，不应仅仅停留在背、诵读，也在于把其精髓运用到写作之中。"从读到写是促进学生核心能力发展的重要基础"。由读到写，意味着文化精神已到达更深的一个层次。如学完《墨梅》一课时，让学生回忆与梅花品格相似的人，写一写他的特点。写的过程就是一个内化的过程，可以加深对传统文化的认识。又如，在教学完《杨氏之子》一文时，把学生分为三组，扩写杨氏之子的外貌，孔君平进入杨氏子家的动作和对话，杨氏子反驳孔君平的聪慧，这些出自学生笔下的文言语句生动活泼，充满无穷的想象力。因此老师应当结合学生的实际，钻研教材，寻找恰当机会，给学生创造充分的表达平台，采用读写结合的方式，不仅可以提高学生的语言表达能力，也激发了学生学习热情和思维创造力。

4. 确定了我校传统现代共生的发展途径

（1）加强教师传统文化素质培养

以中国传统文化的优秀精髓教书育人是每一位教师的责任。因此，教师自身要加强对中国传统文化的了解，只有自身掌握了更多的传统文化知识，才能进一步丰富教学内容、提高教学质量、改善教学效果，才能在课堂上使学生感受到传统文化的魅力；另一方面，要提高教师队伍对中国传统文化的认同感。教师在教学过程中，要不断提高自身对传统文化的认识和理解，增强对传统文化的认同感，这样才能将传统文化贯穿到课堂教学中，在教学中更好地将传统文化与现代相结合。

（2）利用网络，多种形式宣传

现代信息技术是传播文化的重要途径，当代学生可以接触到各种各样的媒体形式，如电视报纸、网络等，这些媒体可以将传统文化以电视、图片、视频、音频的方式传递给学生，让学生体会传统文化的博大精深。教师可以向学生推荐一些与传统文化相关的节目，如《中国诗词大会》《百家讲坛》《国家宝藏》等，让学生在鲜活的形象中，感受传统文化的魅力。

（3）加强家庭文化环境建设，形成家校合力

每一位家长都希望自己的孩子可以在一所优秀的学校进行学习，他们期待学校能营造一个良好的学习环境。其实，良好的学习环境不仅指学校，更重要的是家庭学习环境。只有给孩子创造一个良好的家庭文化学习氛围，才能让孩子在优秀的校园文化与良好的家庭相结合的环境中健康成长。

六、研究成效及社会影响

（一）通过亲历研究，教师的研究水平有所提高

课题组教师多篇案例和论文在市区级征文中获奖。部分教师在语文教学工作中开始展现研究的态度和思维。让研究成为教学的常态。

（二）学生阅读兴趣得以提升，获得家长的认可

通过课题研究，不少学生爱上了传统文化，养成了阅读习惯，不仅在学校、在家里也能积极主动地进行阅读，学生的这种改变得到了家长的认可与支持。

（三）传统文化，助力书香校园的形成

课题研究最大限度地挖掘阅读力量，让师生享受阅读的美好，在书香中成长，在经典中徜徉，让文化浸润童心，让书香飘满校园。

（四）研究成果用于我校教学工作的开展

1. 多个课例供老师们观摩学习

课题组开展了多个自我实践、自我研究以及集体研讨的学习活动。在自我实践过程中，每位教师在平行班中不断尝试与改进，寻求最佳方案。如肖启荣老师的《狮子和鹿》一课作为区级研究课受到肯定与称赞，团队的《长征》主题的阅读教学课备受好评。其他教师也在研究和教学实践的过程中注重积累，多个有研究价值的课例给老师们以启迪。

2. 一套阅读手册供老师们使用

在实施研究过程中，研究团队历时一年多，精心编写了《小学语文全景阅读手册》1～3年级，供老师们使用，促进传统与现代共生理念的有效落实。

3．组建学校阅读社

在课题的引领下，我校学生的阅读兴趣明显增强，养成了阅读习惯。为了满足这部分学生的阅读欲望，2019 年 5 月，学校成立了"桥小阅读社"，并定期开展整本书阅读、分享、辩论等活动，将学生的阅读引向深入。

4．承办了市、区级展示活动

课题研究，改变了我校教师教学理念，提升了学生的语文素养。这一转变得到了来自市、区以及兄弟校的认可。自 2018 年至今，我校先后 5 次承办了市、区级展示活动。2019 年 10 月 21 日，我校还迎接了巴林左旗教研员及顺义区教研员的联合视导工作，老师们的教学、学生的课堂表现，得到了与会领导和专家的一致认可。

七、存在的主要问题及展望

（一）主要不足

由于我校原有的师资力量有限，加之本课题组的研究者多是一线的语文教师，因此，对课题的理论构建能力显得不足，在课题研究过程中缺少时间做保障，以至于影响课题研究的更有力的推进，制约课题效果的充分展示。

（二）课题展望

进一步探索统传统与现代的实施策略。

进一步探讨传统文化教学的实践方法与途径，使更多教师参与到主题教学实践中来。

参考文献

[1]　张平合. 基于传统文化的小学语文阅读教学探究 [J]. 课程与教学.

[2]　余海群. 中华优秀传统教育与语文教学的融合研究 [J]. 教育前沿.2017（09）.

[3]　顾悦梅. 中华传统文化在小学语文教学中的实践与思考 [J]. 学周刊.2019（11）.

[4]　刘玉斌. 中华优秀传统文化在小学语文教学中的渗透 [J]. 亚太教育，2015（21）.

[5]　赵敏. 学校场域是中华优秀传统文化传承的重要载体 [J]. 教育发展研究，2017.

[6]　任博伦. 传统文化在小学教育中的有效渗透及问题研究 [D]. 哈尔滨：黑龙江大学论文，2018.

提高低年级阅读能力的有效尝试

刘秀清

语文课程标准对于阅读提出的首条要求是让学生喜欢阅读，感受阅读的乐趣。低年级语文老师在教学中要努力做到让学生喜欢上语文课，并感受到学习语文、学习阅读的乐趣。教学要尽可能增加趣味性，在活动中、游戏中引领学生学习语文，应用语文。

下面我结合部编一年级教材的课例，谈谈如何在阅读实践中让学生既享受阅读的快乐，又有最大的实际获得。

一、注重朗读指导

《义务教育语文课程标准（2011版）》对低年级段朗读教学提出以下要求：学习用普通话正确、流利、有感情地朗读课文。教学中，老师应针对低年级学生的特点，注重加强对学生进行朗读方法的指导，让学生逐渐学会朗读。

例如，《明天要远足》是一首充满童趣、表现童真通俗易懂的儿童诗。诗歌文字简练，句式相同，立足生活，生动形象地描写了小主人公因"明天"要去远足，控制不住内心的喜悦兴奋而睡不着觉的情景，写出了孩子对远足活动的向往和期盼。

如何对这样一首儿童诗进行朗读指导呢？一定要先让学生自由读一读，教师听一听学生的朗读情况，然后有针对性地在学生读不对、读不好的地方加以指导。预设朗读需要关注以下几个方面：

（一）关注轻声词语

文章不长，但是读轻声的词语不少，如果在这些地方不强调，低年级同学特别容易出现唱读。

例如，第一节中出现的"地方、真的、说的、那么"等词语，要注意指导学生前后联系，结合语境进行朗读，要读得自然，要避免出现唱读。

（二）关注语气词和破折号

特殊的词语，新出现的标点，这都是学习朗读的重点。

"唉——"文中出现了三次破折号，这在教材中第一次出现，该怎么读是个难点。初读课文时，教师可先让学生试着读一读，再做示范朗读，要读得长一些，慢一些。在理解课文内容之后，要指导学生读出内心的期许和无奈。

（三）关注问句

每个小节都以问句结尾，提出内心的疑问，要读出问句的语气，这三个问句，都是夜里睡不着觉，藏在心里的问题，这是发自内心的疑问，要读得慢一些，可通过多种形式的朗读，读出向往，读出兴奋，读出无奈。

二、发挥插图价值

低年级的课文大部分是图文并茂，文中的插图也是很好的学习资源，生动形象、画面感很强，传达了丰富的信息，可以将孩子们带入情境，引发无限想象和思考。利用好文中插图，让学生读图中学文，读图中体会情感，对于学习课文有很大帮助。

例如，《明天要远足》一课，图上画的是夜幕降临了，月儿、星星美美地挂在夜空中，可是躺在床上的小姑娘眼睛瞪得圆圆的，那表情又可爱又可怜，接着，大海、轮船、远山、海鸥、椰子树、游泳圈，海星，多么令人向往的美景……教师可以引导学生认真看图，说说从图中获得的信息，学生自然会联想到自己的相关经历和体验，进而帮助学生进一步理解课文内容，体会作者兴奋、盼望的心情。

再如，《大还是小》一课，课文中有两幅图，习题中有两幅图，利用好插图，可以帮助学生深入理解课文内容。

课文中的图，画出了谁在做什么，也画出了大和小：作者穿衣服时大，够不着按钮时小。文中插图也画出了心情：作者穿衣服时高兴，够不着按钮时不开心，着急。

教师在引导学生初读课文后，可以引导学生观察插图，感受大和小的变化，进而加深对课文的理解，有语气朗读课文。

习题 2 中的图，再现生活的场景。教学时，若学生不能很好地打开思维，可以启发学生看图想想自己有没有类似的经历，帮助学生拓展思路，降低说话的难度。

三、突出以读为主

依据《义务教育语文课程标准（2011版）》的基本理念，依据低年级学生语文学习的特点，在教学中应充分利用文本，采用"读读、想想、说说"的基本教学策略，做到读书是首要任务，做到阅读理解浅一点、少一点，朗读多一点，课堂以读为主，通过多种形式、多遍数、多层次、多人数的朗读，让学生走进文本，在读中学词写字，在读中感悟语言。

例如，《端午粽》第二自然段是课文的重点段，本段三句话分别从粽子的色香味三个方面来介绍粽子。教师在教学本段，采用自主阅读、用读回答、图片助读、创设情境、智慧评价、同伴竞争等多种策略激发学生朗读兴趣，提高学生阅读能力。

（一）自主阅读

教师先让自己读读第二自然段。找一找共有几句话，说说你都知道了什么。这是在阅读的初级阶段，从整体上关照学习内容，并学习初步运用已学的知识，进行自主阅读。教师适度放手，有助于学生自主阅读能力的提升。这样的训练长期坚持下去学生就会成为主动积极地阅读者。这也是低年级孩子读书了解课文最常用的方法。

教师在学生自由发言后，为了帮助孩子们建立句子的概念，且能在这个过程中初步感知连句成段的顺序。采用按照文本的句子顺序组织学习，并随机进行指导朗读。

（二）用读回答

学习第一句，教师先让学生读清楚粽子的样子，学生努力通过朗读表达粽子的样子。教师通过追问：外婆包的粽子什么样？什么样的箬竹叶、什么样的糯米、什么样的枣，请你读清楚，请你再读读，达到认识事物，并通过响亮、清晰的朗读来转换对书面语言的感悟和理解。

接着教师通过变色，突出显示表示颜色的词语，引导学生关注表示颜色的词语，知道粽子的材料颜色，并指导朗读，学生自然能够在朗读中强调这些材料的颜色。

（三）图片助读

接着，通过欣赏粽子的图片，直观感知青青的箬竹叶、白白的糯米、红红的枣，感受外婆的巧手，粽子的可爱，并读出对粽子的喜爱。

（四）入境朗读

在朗读课文时，创设一定的情境，渲染适当的气氛是非常必要的。学习第二句在感受粽子飘出的清香，教师可引导学生通过做"掀"开锅盖的动作，并随机指导朗读：一掀开锅盖，香气立刻扑鼻而来。帮助学生在头脑中再现画面，再现场景，让学生有如临其境之感，如闻其香。

学习过程中，教师始终坚守朗读这条主线，从烦琐的、没有必要的讲解中摆脱出来，做到了读书、读书、再读书，实现在读中理解，在理解中朗读，朗读应成为低年级阅读教学中最常见最闪亮的风景线。如果课堂上老师重视对学生朗读的指导和训练，我们可以从孩子们琅琅的书声中，感受到孩子对学习本文的激情，而且这种读文带来的快乐，是在不断学习的过程之中不断生发的。

四、关注思维训练

低年级阅读教学，词句学习是重点。关于阅读教学，课标在低年级提出：结合上下文和生活实际了解课文中词句的意思；在阅读中积累词语；对感兴趣的人物和事件有自己的感受和想法，并乐于与人交流。在课堂教学中，将课标理念落实在教学过程之中，采用合适的教学策略帮助学生实现思维和语言同步发展，提升语文素养。

（一）挖掘语言训练点

《明天要远足》课文三个小节按照先分后总的顺序成文，三个小节，句式相同。这也是绘本故事的语言特点，是学习语言、发展语言的范例。可以安排在以下两处进行语言训练：

第一处，可以结合课文学习，想象小作者还可能会想什么？在理解课文的过程中进行落实。

第二处，可以结合课后习题 2：说说自己有过这样的心情吗？和同学说一说。在学习课文之后落实。

教师在语言训练时可按如下步骤进行：

第一，给学生创设情境，营造学生自由发言的氛围，让学生入情入境，敢张嘴去说。

第二，要提供语言的典范，发挥教材的例子功能，让学生会说。可让学生再读文本，发现语言的规律。

第三，要鼓励有创意的表达。对学生的发言给予充分肯定。

（二）结合生活实际拓展

对感兴趣的人物和事件有自己的感受和想法，并乐于与人交流。这一理念在课文最后一段学习中有所体现。关于端午的习俗，课文中仅有一句话"据说是为了纪念爱国诗人屈原"，激起了学生探究的欲望。怎么学习和理解这句话？教师让学生课前搜集粽子和端午节的相关资料，课堂上，我们会看到不少孩子手里拿着手抄报，积极踊跃地举手发言，实现在搜集资料和交流中增加对端午习俗的了解，并受到传统文化的熏陶。

（三）在朗读中积累词句

在感知外婆包的粽子花样多时，让学生读一读、圈一圈粽子的花样，并拓展其他花样的粽子图片，练习语言表达，仿照"除了____，还有____和____。"说一句话。教师则引导学生发现规律，主动积累和拓展，做到了把教材当作例子，在学习中积累和运用语言。

总之，低年级的语文课应千方百计要做到词句训练扎实有序，朗读训练脚踏实地，学生在课堂表现应该积极投入，表现出来的应是爱学乐学的生机盎然的学习生态。希望我们聚焦学生语文素养的提升，核心素养的培育，不断提升课堂教学质量。

浅谈小学中年段语文学习习惯的培养

王 轩

我国著名语言学家吕叔湘说："在语文教学上主要的任务应该是培养学生良好的习惯，不能过分依赖教师的分析与讲解。"《义务教育语文课程标准（2011版）》指出："语文课程应激发和培育学生热爱祖国语文的思想感情，引导学生丰富语言积累，培养语感，发展思维，初步掌握学习语文的基本方法，养成良好的学习习惯，具有适应实际生活需要的识字写字能力、阅读能力、写作能力、口语交际能力，正确运用祖国语言文字。"因此，养成良好的语文学习习惯是学生学好语文的重要条件之一。小学是义务教育的基础阶段，中年段是巩固习惯的关键时期。所以要把握住关键期，注重培养学生的语文学习习惯。结合笔者自身教育经验，小学中年段学生需养成的良好语文学习习惯包括以下几方面：

一、识字与写字习惯

（一）识字习惯

为培养学生独立识字的能力和养成主动识字的习惯，我们班每节新课前都进行"生字小讲堂"。

小讲师先对新课进行预习，针对本课生字、多音字、形近字借助字典、教辅材料、上网查资料等方式进行自主学习，然后在课上走上讲台，与全班同学进行交流，老师在旁引导，其他同学进行质疑、补充。每位学生都有上台的机会，学生们都特别有积极性。部分学生能力较弱，不知如何自学、讲解，可以先让能力强的学生先来，听得多了，能力弱的学生也就会讲了。可谓"自主识字人人行，人人都是小讲师"。

（二）写字习惯

根据课标要求，中年段学生要熟练地使用硬笔书写正楷字，做到规范、端正、整洁。刚升入三年级时，学生还都习惯于铅笔写字，突然之间使用钢笔，难免学生会不适应，这就需要对学生写字习惯进行培养。

练字，不在于苦练，而在于细水长流。"每天一篇钢笔字帖"是我对学生们的基本要求。每天放学到家，先练一篇钢笔字帖，然后再开始写作业。写作业的时候也要注意一笔一画、工工整整。并且第二天我会对作业进行筛选，选出当天的优秀作业进行表扬、传阅，以此鼓励学生们认真书写。

此外，每周还进行"书法智多星"评比，在一张田格纸上使用钢笔进行听写或默写，正确率和工整程度是评选的重要依据。久而久之，钢笔划破纸面、墨渍遍布书本、字迹潦草等现象大大减少，取而代之的是学生们良好的写字习惯。

二、阅读习惯

（一）批注习惯

所谓"学贵有思"，把自己的想法写在课文空白处，对学生深入理解课文有不可或缺的作用，只有真正认真阅读后，才可能写出批注，也可以说批注能保证学生的阅读质量。

孩子们一开始不理解，不会批注或懒于批注，我便引导他们：最简单的批注就是将自然段内容在空白处进行简单概括，你们试一试，看看对读书有没有益处？孩子们便试着做了，果然，孩子们发现课文主要内容清晰了，逻辑段的划分也简单了，尝到甜头后，孩子们都乐于批注了。

现在，不论是课前预习还是课上学习时，学生都会在空白处进行简单批注。批注内容也逐渐多样化了：有对自然段内容的概括，也有针对课文提出的问题，还有读完后自己的感触……只要是读书时产生的想法，学生都会以批注的形式体现在书的空白处。

（二）课外阅读习惯

课标指出，中年段课外阅读总量应不少于40万字。相比中年段，低年段学生是更乐于读书的。因为低年段学生所接触的书籍大多浅显易懂，学生阅读之后大脑能及时得到刺激，很快能尝到阅读带来的快感与满足感，所以小孩子更喜欢读书。而随着年龄提升，中年段学生所面对的书籍插图插画量明显减少，文章篇幅增长明显并且文章慢慢有了深度，这就导致中年段学生产生阅读倦怠。

我校举行"悦读小讲堂"系列活动很好地激发了学生阅读兴趣，使学生自主增加了课外阅读量。学生可以自主报名成为"悦读小讲师"，针对自己读过的一本好书向全校学生进行好书推荐。大概流程为：内容梗概、推荐理由、我的收获。介绍形式也多种多样：手抄报、PPT、美文赏析……学生是乐于分享的，也是愿意与同学有共同语言的，通过短短 5 分钟的好书推荐，学生们都提起了兴趣，全班共读一本书，读完后交流自己的感受。这样有了阅读量，也保证了学生对课外书籍的深入阅读。

三、写作习惯

步入中年段最大的变化莫过于学生要开始写作文了。作文无疑成为最让学生们头疼的"难题"。在我看来，学生之所以认为作文难，只是因为之前接触少，进行恰当引导，养成良好的写作习惯，每个孩子都能成为"小作家"。

（一）多动笔的习惯

万事开头难，但只要学生肯落笔，就有提升的空间，所以我鼓励学生们写日记。每周一、三、五上交日记本，每次至少要有一篇日记，不收日记本那天可以摘抄或日记二选一。刚开始，一小部分学生无从下笔，不知从何写起，我受魏书生老师"大事做不来，小事赶快做"思想的启发，对他们说："哪怕写一句话也行。"孩子们如蒙大赦，第二天纷纷上交了日记本。内容大概为：

"我今天踢了足球。"

"我今天中午是第一个到班里的。"

"今天老师夸我了。"

……

我顺势鼓励并稍做引导："这不是写出来了吗？如果你能把什么时间做的、怎么做的、做完之后有什么心情写上，那就更好了！"这样，每个孩子都能按时上交自己的日记，不说文笔如何，至少能把一天发生了什么事按时间顺序进行记叙了，这就是不小的进步。

（二）积累素材的习惯

学生想要提升写作水平，一定要为写作积累素材。我鼓励学生当天若是不写日记，则可以在本上积累一些名词佳句或美文摘抄，边摘抄边学习美文佳句是如何写出来的，争取摘抄过后能运用到自己的文章里，为自己的文章增添色彩。

同时，好的写作技巧也是不可缺少的。每学习一篇新的课文，我都会向学生详细介绍课文中的写作技巧，争取让学生在一节语文课中有最大的收获。现在，学生们已经认识了多种写作技巧：按顺序描写、从部分到整体描写、总分总结构、总分结构、倒叙、设问、反问、伏笔、各种修辞手法、说明方式……已经有部分学生可以做到活学活用，不论日记还是作文写得都十分生动、具体。

四、口语交际习惯

学生的口语交际能力在中年段良莠不齐，大部分学生能够与人就不同意见进行商讨，能做到清楚明白地讲述见闻、说出自己的感受与想法，听人说话时也能把握主要内容并能简要转述。但仍有一部分同学语言不规范，回答问题语无伦次，或者只说半句话。所以不论在课上还是课下，我首先要求学生用标准普通话交流，声音响亮，把话说完整，一旦发现问题及时纠正、指导。其次，课上我经常设计辩论环节，给学生提供交流、阐述、论证的机会，尽可能多地训练学生语言、逻辑能力，使学生学会表达、乐于表达、敢于表达。

总的来说，要培养学生良好的学习习惯，首先教师的工作就要细致，针对学生学习的具体情况进行启发、引导、帮助。然后，教师要做到及时评价，即使是微小的进步都能成为学生增强自信心的阶梯。另外，所谓身正为范，教师也应该注重自身良好习惯的养成，做到潜移默化地给学生以影响，这样对学生养成良好学习习惯也能起到积极作用。

著名教育家陶行知说过："我们深信教育是国家万年根本大计。"老师们都明白，对一个国家来说，教育的作用有多大。当代教育家叶圣陶也说过："什么是教育？简单一句话，就是要养成习惯。"可见，对于一个学生来说，养成良好的学习习惯对其一生的发展都有着重大意义。那么，就让我们从各个方面做起，帮助学生养成良好的语文学习习惯，若将来学生的习惯趋于稳定并形成性格，那么学生在语文学习中的难题就会迎刃而解，这将会使学生终身受益！

小学低年级语文汉字教学

李书嘉

语文学科核心素养中提出，"语言建构与运用"是语文核心素养的重要组成部分，也是语文素养整体结构的基础层面。语言建构与运用是指学生在丰富的语言实践中，通过主动积累、梳理和整合，逐步掌握祖国语言文字特点及其运用规律，形成个体的言语经验，在具体的语言情境中正确有效地运用祖国语言文字进行交流沟通的能力。

如何在教学中落实核心素养要求，怎样打下坚实的语文基础？我认为最重要的就是识字。

中国的汉字从甲骨文开始，发展至今已有三千多年。几千年来，它记载了中国的历史，为传承中华民族的文化，做出了不可磨灭的贡献。同时汉字也是记录汉语的符号，学好汉字是我们作为中国人应该感到最骄傲的事情。我们常说，每个孩子出生时，都是一张白纸。我说，每个孩子在刚接触汉字时，也是一张白纸，怎么发展，就看我们怎么画。

作为一名小学低年级段的语文老师，学生的识字一直是我很在意的地方。对于刚入职没多久的我来说，在教学的过程中，识字教学进行得似乎不是那么顺利。我常常会遇到问题，比如学生觉得学字枯燥，很没有意思；有的字太难写，总是记不住；字音相同的字总是容易搞混等，诸多的问题向我压来。明明花了很多精力教他们识字的方法，怎么会出现这么多问题呢？于是我重新阅读语文课标，想在里面找答案。我看到了这样一句话"注意间架结构，初步感受汉字形体美"。就是这句话，引发了我的思考。我在平时的识字教学中总是想让学生努力记住这个字的写法，然而却忽略了学习汉字的意义。学习汉字的目的是想让学生更加了解、喜欢、尊重我们的文化。我一遍又一遍地带着他们写也是记字形，不如换一种方式。

于是我对汉字教学有了新的思路，我开始注重每个字的结构。我每上一节识字课，都会对要讲的字做足了功课。在这过程中就摸索出很多有意思的事情，比

　　如我们在教学生左右结构的字，就可以根据字本身的特点来讲。左右结构的字写出来时有一部分是有变化的，我在讲"从"这个字的时候，让学生自己先观察，学生都能说出这是由两个"人"组成的，可是当我问左边的"人"为什么和我们学习的"人"不太一样时，他们却说不上来。是啊，"从"字为什么会有一部分不太一样？这时我就会在识字教学的同时渗透着德育教育。在写左右结构的字时，为了让两部分更加和谐，总会有一边谦让着另一边。运用到生活中也是，两个人相处一定要互相谦让，这样才能和平共处。接着我又列举了结构相同的几个生字，这样他们就会充分理解左右结构的字在写的时候需要注意些什么。左右结构的字除了需要知道互相谦让，还需要知道穿插。就以我们学过的"放"字为例，右旁形成的棱角要穿插到左旁形成的空隙中，这样左右结构的左和右两部分才能更好地和谐共存。在学习写字的过程中，知道了这些有意思的规则，学生每天都不亦乐乎，想要赶紧学习新的生字。

　　可是我们学习的汉字中，不可能全部都是左右结构的字。遇到不是左右结构的字，我们又该怎么办呢？

　　通常最常用的记字方式是熟字加熟字或者熟字加偏旁。例如学习过的"笔"字，我们在让学生记住这个字的时候，就可以用学习过的"毛"字来记。这样的字往往都是利用偏旁以及那些独体字来对合体字进行分析，从整体到部分，从部分到整体。通过这样的方法，学生不仅能够掌握汉字的组成规律，还可以加快他们认识字形的速度，从而培养他们的分析能力。

　　在教学生学习汉字的过程中，我对汉字也产生了浓厚的兴趣。我每天在网上查阅很多的资料，想要了解中国汉字的历史。每当看到象形字或者甲骨文的时候，我都忍不住想要猜一猜这是什么字，因为对汉字没有做过专业的研究，所以遇到难的字经常摸不着头脑，总是会猜错。这时我就在想，如果学生看到这样的字，会不会跟我一样，也很喜欢猜。我就从字源网上搜索了要学习的几个汉字，例如"牛、儿、鸟"。只要是我们即将学习的生字，我都让他们猜一猜。起初这样的效果不是很好，有些字的字源特征不是很明显，或者意思理解起来太困难，学生这时候就表现出明显不爱学，也不关心汉字背后的意义。看到这样的情况我及时调整了教学方式，每课学习的生字，我只挑出字源特征比较明显的字让他们猜。这样，学生们在猜的同时，很快就记住了字形。例如"问"这个字，在我出示甲骨文的时候，学生就已经猜出这是什么字。甲骨文的"问"字，字形就像是一个人站在"门"外，张"口"对着门内喊话。从甲骨文、小篆、隶书，最后到楷体，在给他们看过"问"字的演变后，他们对"问"的字形就有了感性认知，从而完成了对"问"字形的认识。还有出现在语文课本中的象形字"日、月、水、火"等，都是可以让学生感受到汉字文化的内涵，激发识字的兴趣。

在学习汉字时，记住汉字的"形"还不止这些方式，我们可以让学生在生活中识字。他刚刚接触到生字的时候，可以让他把这些字放到一定的语言环境中，放到人生活的情境中。这样不仅可以增强学生的直观感受，深化对汉字的理解，还能培养学生的表达能力。

在如何帮助学生记住字形这方面还有很多的方法，需要我不断地学习，不断地探索，一定为学生开拓一个广阔的识字空间，让学生在记字形这方面觉得更加的有趣。我一直相信，等他们每个人都对汉字产生兴趣时，我就是他们的学生。

汉字的教学一般都遵循音、形、义的识字过程。光认识不会读？还真有。我们班有来自祖国各地的学生，有些学生从小的语言环境就是地方方言，有很多发音都不准。他认识这个字，也知道怎么读，但是读出来就会变成另外一个音。这该怎么办呢？我想过很多方法，发现学生在拼读的时候能够读准确，一旦让他自己快读，或是组词读就打回了原形。我又尝试着让他放到句子里面读，回到课文中读，这时我惊喜地发现，他在句子里，读错的频率变低了。就这样，我在识字教学的过程中，不管是识字前，还是识字后，都会让学生把生字带回原文中，或是让他们自己想个句子。这样能够让他们在具体的语境中体会字的读音，当他们觉得发音不对时，自己就会改过来。这个过程可能是长时间的，但是我们要知道，字音是字的基础，只有读准字音，才能更好地与人交谈。

会读会认，不能正确运用汉字，那就缺少"语言建构与运用"中的交际能力。在我教学一年级的时候，发现很多学生组词总是天马行空，不知所云。之所以会出现这样的问题，就是因为他不知道这个字的意思。所以在学习部分生字时，可以让学生通过课上给出范词或者查字典来记住字的义，也可以把字形和字义放在一起理解。

我们知道汉字大多都是形声字，而形声字有表音成分，同一个形旁加上不同的声旁，可以造出意义有关而读音不同的一批字。例如形旁"提手"，在常用的字中有"打、扔、抢、拉、推"这些同手的动作有关。看到"说、话、议、论、记"通过言字旁，就联想到说话、言论。看到"树、杨、柳、桃"通过木字旁就会联想到同树木有关。这样的字在语文教学中就可以分成一类给学生说明、归纳、积累，让他们明其意义，知其发声。这样学生在学习生字时，可以通过辩义辨音掌握一大批形声字。

同样要知道的还有会意字，在学生学习汉字的时候，遇到会意字就更有意思了。例如上面提到的"问"字，它是会意兼形声字，中间的"口"是意旁，外部的"门"字既是声旁，也是意旁。在进行汉字起源展示的时候，就可以进行字义的解释。同是会意字的还有"休"，意思是一人倚树，立足休息；"灾"，意思是室中失火，酿成火灾；"众"三人团结，众志成城等。这样有趣的会意字还有很多，学生在学习的时候很像是在猜字谜，一下子就把这个字记住了。

在学习时正确掌握字义，能够更加准确地与别人交谈。同一个字可能有多种意义，在什么时候要用什么词语，在什么场合要说什么话，从学会到学好再到学精，不断地进步，在这过程中，你会感受到中国汉字文化的无限魅力。

不光是汉字的音、义、形，识字还有一个很重要的环节，就是书写。都说一个人的门面就是他写的字，这话说得一点都没错。在学生书写的时候，都是我少说，让学生自己观察体悟，这样的方式更好地发挥学生的主体性。再用学生互评、自评、师评等方式，让他们在评价中改正自己的错误，在赞美中更加努力。

授之以鱼，不如授之以渔，让他们掌握学习汉字的方法，真正实现学生为主体的课堂。让学生喜欢汉字、爱上汉字，从小打好汉字基础，打好汉字攻坚战，过好汉字关。在学的过程中感受中国汉字之美，让他们了解到每个汉字都有自己的生命，让学生走近它、欣赏它、热爱它！

参考文献

[1]　杨春晓.小学语文汉字教学浅析 [J].　好家长，2016.

[2]　罗秀琼.浅谈小学语文形声字识字教学 [J].　新课程（小学），2015（3）.

[3]　吴一平.浅谈会意兼形声字学 [J].　文教资料，2008（6）.

古诗词中的中华优秀传统文化

李　冉

《义务教育语文课程标准（2011 版）》提出："语文是最重要的交际工具，是人类文化的重要组成部分，工具性与人文性的统一是语文课程的基本特点。"由此可见，小学语文教学对我们新一代继承和发展中华传统文化起着重要的作用。单靠长辈们的口耳相传并不能将中国的传统文化一一传承下来。

中国是有着五千年悠久历史的文明古国，中华民族的传统文化源远流长，是整个东方文化的重要标志和世界历史文化宝库中的重要遗产，对人类社会的文明进步做出了不可磨灭的贡献。语文作为中华民族传统文化的载体，承载着民族精神和民族灵魂，在传统文化发展中起着重要的作用，语文教学应融于传统文化之中。作为一种学科来说语文是学习语言文字运用的课程，但是作为一种语言来说，语文教学作为一种本土文化的载体，民族传统文化的传承、发展和创新，很大程度上依赖于语文。然而现如今外来文化已经渗透到中国的各个角落，面对外来文化汹涌而至的波涛，越来越多的中国孩子吃的是洋快餐，看的是日韩动画片，越来越远离自己的优良传统文化，甚至对祖国的优良传统文化产生了冷漠感，许多优秀的民族传统文化正在消失。

故此，作为语文教师，利用语文教材将中国传统文化渗透到语文教学中是十分有必要的事情。让中国少年成为传扬中国传统文化的载体，激发学生对优良传统文化的热爱，激发人们的爱国主义情怀，是我们义不容辞的责任。

一、强化自身文化素养

众所周知，语文教师要想教好语文课，并且要把传统文化寓于语文教学中，就必须博览群书，有丰富的文化底蕴、知识结构和专业素养等。"海纳百川，有容乃大"，因此，我们要有"知之为知之，不知为不知"的诚实态度，扎扎实实地阅读、钻研有关传统文化的专著，一点一滴地积累，使自己的知识结构得到完善和更新。

二、立足语文课堂教学

我们中国有着丰厚的民族文化底蕴。唐诗宋词可以说是我们民族的精髓和灵魂，它对我们情感的感染、人格的熏陶、习惯的养成、文化的积淀都具有不可否认的重要作用。纵观小学语文教材，这类内容始终贯穿其中。如何在语文教学过程中对小学生进行系统的渗透，使我们这些优秀的传统文化能得以传承，也是当前小学语文教学一个值得研究的内容。

首先要抓住语文常规课堂教学重点，有意识地、更多地关注学生的情感态度和价值观，它应当渗透在教学的各个阶段，渗透在整个语文课堂教学之中，成为一个完美的整体。其次应该充分挖掘教材的文化内容。教材、读本等不仅有着丰富的语文知识，更蕴含着深厚的文化知识，在指导学生学习时应从课文注释、引语、故事情节、课文主题、课文词句、课文插图、课后练习等方面入手，寻找有关传统文化的信息，了解相关的文化背景，挖掘优秀的传统美德，掌握文章的文化内涵，体会文化意趣。

三、在语文实践活动中继承和创新民族传统文化

（一）学习生字

在教学中让学生搜集或编写字谜，开展猜字谜活动，体会汉字的有趣。识字课我会利用猜字谜的方法让学生感受字谜的有趣。在部编版一年级下册中就有猜字谜：①左边绿，右边红，左右相遇起凉风。绿的喜欢及时雨，红的最怕水来攻；②"言"来互相尊重，"心"至令人感动，"日"出万里无云，"水"到纯净透明。结合本课内容，我还给孩子们引申出了其他的字谜游戏，孩子们在愉快的氛围中学习，在学习中体会中华传统文化带来的奇妙之感。

在教学中让学生通过汉字的谐音体会汉字的神奇和有趣。在学习字族识字的过程中，让学生观察字与字的读音变化，发现汉字的读音和偏旁决定着汉字的意思，体会汉字的神奇之处。

通过了解汉字的起源和发展变化，感受汉字的有趣。在学习《夜宿山寺》这首古诗时，我利用字源识字方法让学生认识"危""宿"二字，给学生充分的想

象空间，让学生认识到字源识字也是一种学习生字的好办法，体会到汉字的有趣。

（二）学习古诗古文

运用节奏，有感情地朗读古诗，感受古诗的音律之美。让学生感知诗中的人物形象，理解诗的内容，领悟诗中的情感，可以通过朗读来体会。在朗读时教师要求学生读准每一个字的字音，每个节奏后要有轻短的拖音，有极短暂的停顿，还要注意语气的轻重，语调的高低等，让学生反复诵读，有时还可以配上音乐，使他们初步从整体上感受到诗中的语言美、音乐美、节奏美，激发学生学习古诗的兴趣。

展开想象，感受诗歌的意境之美。学习诗歌的时候，老师不但要让学生理解诗歌的内容，而且要引导学生展开丰富的想象，领悟到诗的意境，体会作者的思想感情。例如《登鹳雀楼》中"欲穷千里目，更上一层楼"这两句是写诗人自己的所思，但是对于二年级的学生来讲是非常难理解的地方。教学时要结合前两句"白日依山尽，黄河入海流"让学生充分地想象画面，将脑海中的画面变成笔下的绘画作品，然后再抽象出诗人想要看得更远，就要站得更高。最后再引申到日常的学习生活之中。将所看到的景象和诗人的所思所想相结合，展开想象，才能更好地体现诗歌的意境美。

结合实际，感受诗歌的节日文化之美。中国的传统节日有春节、元宵节、端午节、中秋节、重阳节等，不同的节日有不同的传统文化氛围。小学语文教材中，有大量的诗词描述了我国传统节日的文化特点。借助这些诗词，在学习语言文字的字、词、句、段、篇的基础之上，引导学生搜集相关节日的习俗、食物、民族文化等资料。让学生多方面了解中华传统文化。

四、重视课外文化阅读，强调大语文教育

顺义区一直提倡语文教师运用"一带多"的教学方法，旨在利用教材上的知识引申出更多相关知识，从而丰富学生的课外阅读量，拓宽视野。

在学习古诗时可以将书法与古诗教学相融合。在学习《夜宿山寺》这首古诗时，我利用书法的不同字体：楷书、隶书、行书、草书等，将书法和语文课程相融合，通过不同字体的书法作品复现古诗，学生猜字读古诗，让学生充分朗读古诗，体会字体的变化之美，同时训练学生的朗诵能力，并且让学生意识到古代和

现代人们书写习惯的差异。希望学生可以通过学习古诗和书法进一步了解中华传统文化，同时蒙发背诵兴趣。

我们在对教材中的传统文化内容进行教学时，不断探索新的教学方法，致力于达到：让学生去整体感受唐诗宋词的韵味而不是简单背诵；在感受的过程中让学生自己发现一些美的事物，投射到自己的内心深处。对民族经典，特别是传统文化作品的重视，已经成为语文教育专家们的共识，每个学生都应该从小受到祖国优秀传统文化的熏陶。语文的外延就是进入更广阔的文化空间，汲取更丰富的营养，让我们每一位语文教师都做好传统文化的传承人。

成语与小学高年级学段语文教学研究

何　悦

一、引言

成语是我国传统文化中的一颗璀璨明珠，时至今日，这颗明珠的光辉日渐消退。习近平总书记指出，中华优秀传统文化是中华民族的精神命脉，是涵养社会主义核心价值观的重要源泉，也是我们在世界文化激荡中站稳脚跟的根基。作为传统文化的一部分，成语理应受到人们的重视。

教育在传承传统文化中担任重要角色。小学是学生正式进入学习的起始阶段，这一时期的教育，重基础轻理论。在小学阶段对于词语教学更多侧重于双音节词语，而成语教学却较为片面。

二、成语学习的意义

成语是人们长期以来习用的固定短语，以四字格为主，意思精辟，大多有出处。成语一般具有结构固定、意义完整、形式多样及文言性强的特点，它以其独特语言优势被不同时代的人们所使用，相传至今。成语在信息化时代地位虽有所下降，但依旧有其重要意义。

传统文化是中国屹立于世界民族之林的根本，母语是一个民族的文化载体，学习母语是继承传统文化的重要途径。语文课是母语教育的核心课程，主要任务是理解并运用汉语，有原则、有选择地继承传统文化。成语是语文基础知识的一部分，更是中国传统文化宝库中的一员。学习成语不仅能提高学习者的阅读理解能力和语言表达能力，还能够提高学习者的母语应用能力，加深其传统文化修养。

成语是词语家族中较难理解的一类，加强成语教学有利于理解所在语句的意义，进而准确地赏析文章。成语文言性强的特点还能提高学生的古诗、文言短文的阅读能力。如果利用成语教学来提高学生的文言文阅读素养，将会比传统的死记硬背方法更加有效。成语由古代传至今日，其中很多字的意义与现在有许多差异，并且成语大多有其历史出处。因此学生在学习成语时需要弄清楚每个字的意思，每个典故的来源和意义，日积月累，学生的古文知识会越来越丰富。

中国几千年的语文不仅仅是语言形式，也是带着思想情感、富有文化、凝聚美感的话语和篇章。语文不同于其他科目之处还在于它是文化的载体，语言承载了文化知识，没有母语，就没有文化。学生学习成语不仅要了解成语的读音、写法、意义，还要学习到成语背后蕴含的思想、情感。日积月累，传统文化知识日渐丰富，语文素养渐渐加深，这对于小学生而言，能够帮助其奠定坚实的语文知识基础，有助于初中、高中乃至一生的语文学习。

三、成语教学的现状

作为传统文化的一部分，成语在现代社会面临着种种危机。语文课作为传统文化的重要载体，理所应当地承担着成语教学的责任。然而事实是学生的成语理解能力和运用能力普遍不强，成语教学效果不显著。

"叶圣陶先生和吕叔湘先生都说过'语文是工具'，这里的语文主要指的是语言。第八次基础教育课程改革倡导张扬人文精神，但许多人将语文课程的人文性与工具性对立起来，一味地讨论课文的文化内涵，而不引导学生学习语言知识，认真阅读文本、思考选文句子。语言是思想的直接现实，殊不知脱离了课文的语言形式，就背离了语文课程培养并提高学生理解、运用语言文字的基本目标。"如此，也就不能引导学生正确把握课文的文化内涵。

小学高年级阶段，语文教师比较注重语言文字等基础知识的教学；成语作为语言知识的一部分，一方面在课文中出现的次数较少，文中需要识记的大多是双音节词语，因此教师在课堂上较少讲解成语，即使文中涉及成语，大部分教师的讲解也不够全面。另一方面教学模式不够实用。语言知识的教学在一节课上，仅仅以预习、朗读课文、抄写默写词语等形式展开，方法单一。与此同时，应试思想影响教学，为提高学生应试能力，多数教师会采取"多考多教，少考少教，不考不教"的策略。由于成语在考试中以直接考查出现的形式较少，故多数语文教师在课堂教学或考试复习时涉及较少。为了"防患于未然"，许多语文教师会打印一份常见成语意义及用法的资料，让学生死记硬背。若平时考试中出现成语运用的题型，教师的做法则是"题题俱到，浅尝辄止"。语文课堂教学功利化、应试化，语文教师观念落后、备课不充分、教学方法单一，这些都是导致成语教学效率低下的原因。

教学即教师教与学生学，既有教的成分，也有学的部分。高年级学生年龄段在 9～11 岁之间，他们的自我意识不足，处在童年到青少年过渡阶段，尚未脱离童年的幼稚行为，学生身心发展不稳定，教师布置的任务常常不能适时适量地完成。其次，随着网络媒体的发展，学生接触新科技、新信息的机会增多，在节假日里，除了完成教师布置的作业之外，便将时间用来玩游戏、网上聊天等，宝贵的课外学习时光就这样被浪费了。像成语这类传统文化与网络游戏相比，更是不能引起学生的学习兴趣。

教学工作的顺利开展是社会、家庭、学校的合力结果。如今，社会上各种网络媒体快速发展，传统文化宣传力度弱，应试观念深入人心，导致传统文化受到严峻挑战。学生是社会的成员，身心发展不稳定，既没有毅力抵制各种诱惑，又无力净化社会环境，其思想、行为容易受到来自社会各方面的影响，比如社会上滥用成语现象。一些商家为了博人眼球，将自己家的广告或者品牌名改为朗朗上口、见之即解的"变异成语"，如银行广告词"钱程无量"、蚊香广告词"默默无蚊"、饮料广告词"喝喝有名"、服装店店名"衣衣不舍"，等等。与此同时，网络媒体恶搞成语故事、文化名人等现象也在一定程度上造成了不良风气的形成，对传统文化的继承发展有阻碍作用。家庭是个人成长的重要场所，父母的教育方式、文化修养，家庭学习氛围，亲子关系等都会影响孩子学习和成长。就目前来看，多数家庭和学校教育保持统一立场，家庭教育不是学校教育的补充，而是强化。传统文化教育一般要从小抓起，但是，许多家长的教育水平有限，且没有传统文化教育意识，因此，孩子根本没有形成学习传统文化的思想和习惯。成语教学只是传统文化教学的一部分，但是，透过局部观整体，要从根本上提高国民的传统文化水平，就必须从成语等传统文化分块入手。传统文化知识要从小学开始，甚至从幼儿阶段做起。

四、成语教学的策略

成语教学在小学教学不受重视，教师在备课时不研究成语，上课教学也可有可无，并且方法单一，与文本脱离。所以，要改进成语教学的策略，首先应该转变语文教师对成语教学的看法。语文教师应该认识到成语教学对学生的重要性，不能为文本而教，为考试而教。没有正确的观念做指导，任何做法都会偏离轨道。语文教师只有树立正确的成语教学观念，才会引导学生学习先民的文化遗产，这是跨出成语教学的第一步，也是传统文化学习的重要一步。

"语文教学绝不可忽视语言内容，只有将内容和形式融为一体，才能真正提高学生的语文水平。"成语教学需要抓住内容和形式两方面。

语言形式是思想内容的载体，学习成语的第一步就是识记。识记的内容包括字音、字形。在识记字音、字形时，教师对于其中较难理解的字可以借助造字法进行教学。中国汉字的造字方法有六种：象形、指事、会意、形声、转注、假借。后两种严格来说应属于用字法，故使用较少，前四种又以会意与形声为主。"会意者，比类合宜，以见指伪，武信是也。"会意即将两个字合成一个字，呈现新的意义。

字义属于成语内容方面，学习成语的第二步即理解。成语大多具有历史来源，因此，在解释成语语义时，不仅要解释成语的意义，还要解释成语的语源。教师要使学生正确把握该成语，还需要使其明白该成语的来源。教师可以利用讲故事、谈话法等方式来解释成语来源。通过讲故事的形式，将该成语的意义表示出来。历史故事生动有趣，教师通过此方式能够让学生记住并且深入理解成语，对于提高其成语运用能力有很大的帮助。

除了成语的字音、字形、字义，学生还需要掌握成语的语法，即如何运用成语。

单纯解释成语不难，关键在于让学生结合语境，灵活运用成语。张冠李戴、褒贬颠倒、不合语境、望文生义、前后矛盾等问题经常出现在学生的作业或试卷中，其原因在于学生不懂得成语的运用规则。教师只是口头解释成语的用法，纸上谈兵，作用不大。只有结合真实的语境，才能让学生知其所以然。语文的外延与生活的外延相等，课堂教学时间、条件有限，只有将课内外教学结合，才能提高教学效果。学生可利用节假日，阅读古今书籍，提高阅读量，加强课内外联系。为提高成语运用能力，语文教师还需要培养学生词语学习习惯。特级语文教师王翠霞为提高学生基础知识运用能力，安排学生每天在笔记本上摘录成语及其来源意义。除此之外，学生可以通过在报纸上寻找运用有误的成语，巩固个人的成语表达能力。

五、结语

综上，可以看出成语教学既是当务之急，也是一项长远任务。成语教学作为基础知识和传统文化教学的一个特殊部分，不仅可以帮助学生提高语言素养，而且在丰富学生的文化知识、提高文化素养、传承传统文化方面都起到了重要作用。但是，当今学校、家庭、社会教育在对待成语教学的态度、教学方法和策略、教学理念上依旧落后，改变成语教学现状刻不容缓。"如何改善成语教学"这一问题目前有很多教育界人士开始关注，但探索新的课程模式、教学方法还需要广大一线语文教师的积极探究和参与，以便在不远的将来，能够让以成语教学为代表的传统文化教学在语文教育的道路上不断前进，让成语这颗民族文化中的瑰宝熠熠生辉。

参考文献

[1]　章俗，谷超．成语典故源流故事赏析辞书 [M]．北京：教育科学出版社，1990．

[2]　韩小龙．语文美学视域下的真语文——与真语文发起人王旭文先生商榷 [J]．教学研究，2016（03）．

[3]　王会升．试卷讲评中存在的问题与对策 [J]．中学语文教学，2016（01）．

[4]　杨先武．课程改革是否应冲破"工具论"的障碍 [J]．语文教学与研究，2016（9）．

浅谈小学语文课堂与传统文化相结合

马　帅

一、小学语文课堂教学与传统文化结合现状

新时代背景下，党和国家高度重视传统文化的传承与发展，并将小学课堂视为这一传承与发展的主要阵地，在此基础下，颁布了一系列文件意见，力争将传统文化与小学语文课堂教学做到有效的融合。2017 年，针对当时中国传统文化发展现状，专门印发了《关于实施中华优秀传统文化传承发展工程的意见》，指出要积极推进戏曲、书法等传统文化进校园，教育必须要为文化发展服务。语文学科不仅是小学阶段的重要基础学科之一，从工具性的角度来说，更是许多学科的基础，强化语文学科的学习，在提升学生综合素养的同时，对于学生其他学科的发展有重要意义。在此前提下，我们应力争将传统文化渗透到课堂教学中去，全面提高学生文化素养的同时，推动学生教育的整体进程。

然而现阶段，受到我国考试制度的影响，部分教师在课堂教学中只关注对于学生语文核心素养和能力的培养，不重视对于传统文化的渗透。更有甚者，教师其自身对于传统文化的涉猎程度不深，导致教材中涉及的与传统文化相关的内容无法进行有效的渗透与展开。与此同时，尽管各种不同类型、不同侧重的补习机构如雨后春笋一般的出现，并纷纷将语文教学视为其重要市场，但受到其最终考评方式的影响，仍不能将传统文化合理地渗入到其课程内。但作为一名新时代的语文教师，我们所教的知识，不应该是所谓的"考点""得分点"，而应该是真正的"学问"，让学生真正地将传统文化内容内化，强化自身的语文核心素养。只有如此，语文教学和传统文化才能在其人生中产生长久的影响和作用。

二、在语文课堂中渗透传统文化的基本策略

小学语文教材中，本就包含了丰富的与传统文化息息相关的内容，如古诗词、

以文言文形式呈现的中国古代神话、民间故事、名言警句、俗语谚语等。若能合理利用这些资源，既能提升学生的语文素养，又可以向学生渗透传统文化。所以，如何深度挖掘课本内容的价值，成为在语文课堂中渗透传统文化的重要思考方向。

提升教师自身的传统文化素养。作为一名语文教师，要深刻地认识到，只有自己有着深厚的传统文化底蕴，才能将教材中的内容进行更好地分析和解读，从而更加合理地对课程进行设计，对"学问"进行传授和讲解。只有这样，教师才能在语文课堂教学中，合理地充当引导者和组织者的角色。

在设计教学活动的过程中，注重将课堂还给学生。中华传统文化博大精深，教师应以点带面，以课本内容为突破口，引导学生进行相关资料的查找和自学。有针对性的引导学生对于传统文化内容进行学习，使学生由被动学习，死记硬背，到激发兴趣，主动学习。

从教学资源上讲，应该以课文内容为主，但不能局限或拘泥于课本内容。中华千年文化，是一棵庞大的知识树，是一张立体的"学问"网。在课堂教学中，教师可以引入除课本外的其他教学资源。适当地引入一些与传统文化相关的课外读物，在激发学生兴趣的同时，又可以对课内的知识进行串联和补充。在渗透传统文化知识的同时，有效地提升学生的阅读能力，进而进一步提升学生语文核心素养。

充分挖掘互联网资源，让传统文化走进课堂的同时，将语文学习带出课堂。例如，有一部名叫《学问猫说历史》的动画片，其内容主要以动画人物穿越的传奇故事，将中国历史进行演绎和解说。在课堂教学的过程中，利用适当的内容，将此资源推荐给学生。如在教学《盘古开天地》一课时，让学生先看相关内容的本片，然后再学习本课内容。既将本篇文章的内容生动形象地呈现在孩子面前，又向学生推荐了一部内容优良的动画片。既降低了学生理解文章的难度，又激发了学生对于传统文化内容学习的兴趣。以此为例，教师利用多媒体手段能够使传统文化知识更容易被小学生接受，从而更好地对学生渗透传统文化。

三、充分利用现有的优秀传统文化资源

识字写字，是语文教学的基础内容。而一切文化的起源，又是从有正式的文字记载开始。中国汉字历史悠久，从甲骨文开始，历经沧桑，流传至今。在识字写字教学中，我们应合理利用这一资源，从字源的角度出发，让学生了解汉字的

起源和演变过程，在开阔学生视野的同时，帮助学生更好地记忆标准字的正确书写方式。

古诗词是小学语文的重要组成部分，新编教材将古诗词数量增加到 128 首，其目的并不是让学生背诵这些古诗，而是希望实现量变到质变的转化，通过大量诵读活动，潜移默化地熏陶学生，培养学生良好的文化意识，提高学生文化素养。想要把一首诗学得清楚具体，真正体会到作者深刻的思想感情，只弄懂字句的意思是远远不够的。必须从诗人的生平、诗词写作的背景等传统文化相关内容出发，才能领悟诗句背后的深刻含义。

文言文、神话故事，往往以一个个生动有趣的故事，引发深思，让学生感悟人生的哲理。我们可以合理地利用此类资源，先让学生读懂其中的内容，然后引导学生去思考其背后的哲理。在提升学生阅读分析能力的同时，帮助其建立良好的情感态度和价值观，并将中华传统文化知识渗透进教学当中。

小结：传统文化在提升学生的语文素养、帮助学生建立正确的情感态度和价值观等方面有着非常重要的价值。我们应合理利用这些资源，帮助学生养成良好的文学素养。唤醒学生的文化意识，以语文课堂为阵地，使学生成为有良好文化素养的传统文化接班人。

参考文献

[1] 秦春香. 浅谈传统文化在小学语文教学中的渗透 [J]. 课程教育研究，2019（42）：50-51.

如何让学生的习作姹紫嫣红

田秀娟

　　长期以来，学生作文最突出的问题就是千篇一律，缺乏个性。主要体现在：作文结构的公式化、描写的程式化、细节的雷同化。在作文教学过程中，教师的任务是发展学生思维，只有注重学生思维的发展，尤其是创造性思维的发展，拓宽的写作思路，学生的作文才能写出自己的感受，写出自己的个性，学生的习作才能姹紫嫣红。我们怎样在教学过程中拓展学生的思维呢？具体可以从以下几方面尝试：

一、冲破思维定式，训练学生思维的发散性

　　所谓发散性思维，是指以某一事物为触发点，多角度、全方位引出问题，展开思路，提炼创意的一种思维方式。因此，我们在指导学生习作时，要引导学生冲破思维定式的束缚，把作文训练与培养学生发散性思维有机结合起来。

（一）同一材料，文题求异

　　人们常说："题好一半文。"因为题目是文章的眼睛。一篇文章有了好的内容和构思之后，再给它拟一个形象贴切、新颖别致的题目，无疑能起到锦上添花的作用，犹如一块磁铁吸引读者的眼球，使人一见钟情。怎样才能引领学生拟出好的作文题目呢？

　　例：北京市义务教育课程改革实验教材第六册第四单元的习作是一次看图写话。书上画了三幅图，即：第一幅图画的是马路上，一个下水井没了井盖；第二幅图空白；第三幅图上画的是下水井口多了一个筐，还有一个木牌，上面写着：小心危险！引导学生叙述完图意后，我又引导学生给文章拟题。刚才，大家充分发挥自己的想象，把三幅图叙述得生动具体。现在你想给这篇作文拟个什么题目，请说说理由。有的学生认为这三幅图是围绕井盖展开的，有的学生认为应寻找井盖丢失的原因或表现丢失井盖的后果，还有的认为要表现好人好事等，由此题目

就有了《井盖》《丢失的井盖》《井盖丢失的后果》《聪明的小红》《一件不该发生的事》《惊险》《一件难忘的事》……

（二）同一题目，选材求异

为了培养学生的创新思维，教师在作文指导时，要注意引导学生围绕同一题目多种角度选择材料。例如，在指导学生写《帮助》这篇作文时，我先请同学们回忆在学习和生活中，自己遇到过什么困难，别人是怎么帮助你的；别人遇到过什么困难，自己是怎么帮助别人的。很多学生围绕"老师、自己、同学"之间展开，为了继续引导学生开阔思路，我又引导学生说："想一想被帮助的人或帮助自己的还会有谁呢？"学生恍然大悟：有家人、有不认识的好人、老人、小孩、邻居、外国人……帮助和被帮助的对象范围扩大了，学生所选的事例更广了，其实帮助的地点不同，事件也会有所不同。例如，我为灾区小朋友捐书；运动会上我做服务生给运动员带队；蟹岛过桥游戏中，我和叔叔、阿姨互相帮助过桥等。

写《我的妈妈》，教师可以启发学生从妈妈的性格、脾气、品德、才能、爱好、在家庭和社会中的作用等方面进行选材。学生一旦学会了发散思维，就会从"山重水复"走向"柳暗花明"，觉得有写不完的材料。

（三）同一内容，表达方式求异

作文的表现手法，是指一篇文章所运用的主要的表现方法。不同类型的文章有不同的表现方法，即使是同一种类型、同一文体的文章，也有多种多样的写法。因此，在指导学生进行写作时，要让学生懂得灵活运用表现手法，最好是有所创新。如果写文章人云亦云，表现手法单一、陈旧，那么文章就会缺乏新意。学生的思维是多侧面的，有的善于逻辑思维，有的擅长形象思维，还有的以直觉思维见长。因此，我们要根据学生不同的思维特点和写作兴趣，引导学生进行同一材料多种体裁的训练。例如："介绍说明书内容"是北京市义务教育课程改革实验教材第六册第二单元的习作。在指导学生习作时，我这样引导学生：请结合说明书的内容，想一想，自己会用什么样的方式向大家介绍这款产品？有的学生站在售货员或推销员的角度，有的采用产品的自述的口吻，还有的以自己如何看说明书学会使用一种电器的过程来介绍等。

以《井盖》这篇习作为例，我们在叙述上可以采用不同的叙述方法，可以采用直叙法、倒叙法等。

二、收集生活素材，拓宽写作思路

生活是写作的源泉。孩子们的日常生活是极其丰富的，在家里、在学校、在游乐场、在上学路上……可以看到各种各样的人、事、物，可以做各种各样的活动，有各种不同的体验。所以教师应该引导小学生捕捉生活中的人和事，学会从不同的角度看问题，学会关注、理解他人的感受，学会表现纷繁复杂的大千世界。每日所见、所闻、所做、所想都是写文章的好材料。要让孩子在生活中常做一个"有心人"，用自己的"慧眼"细心观察，善于发现，学会思考，为此我经常布置一些积累素材的作业。比如，这一周在上学路上，你看到哪些有趣的事情？有哪些令你印象深刻的人和事？在课间休息时发现学校里、班级里、同学中有哪些新气象、新变化让你记忆深刻？这个学期我们学校搞过哪些集体活动？这几个月你发现身边的人、景、物有什么变化等。学生手中积累了材料，写作时就不会是"巧妇难为无米之炊"了，写起来才会得心应手，有话可说，有感可发，给人自然的感觉，而不须花大力气去考虑写完这句下句怎样编了。而且由于这些素材是从生活中获取的，它贴近孩子的生活，贴近孩子的心灵，不经意间就能触动心灵的情感，让情感喷薄而出，一篇真情实感的作文很容易就在孩子们的笔下诞生了。

三、与阅读教学有机结合，促多种习作形式有效训练

阅读是写作的基础，大纲指出：作文教学要与阅读教学密切配合。小学语文课本中有许多情真意切，文质兼美的文章为我们提供了习作范例，值得我们借鉴。

（一）注重挖掘文本语言，渗透写作方法

叶圣陶说："语文教材无非是个例子，凭这个例子要使学生能够举一反三，练成阅读和作文的熟练技能……"十二册教材中有很多写事写人的文章，文中有很多细节描写，这样的文章就成为我指导学生抓住细节把文章写具体的范例了。例如《理想的风筝》第五自然段：倘若有的同学回答得不好，他就吃惊地瞪大眼睛，关切地瞧着同学，一边细声说："别紧张，想想，想想，再好好想想。"一边不住地点头，好像每一次点头都给学生一次启发。文中的细节描写，使人如见其人，如闻其声，如临其境，感人至深。

（二）关注文本作者选材，学会选材方法

教学中，我们往往只注意挖掘文本的语言，而忽视了文章作者的选材角度这个很好的资源。《零点降生的女孩儿》中的"妈妈则用善意的谎言为孩子鼓起生活的勇气……"妈妈教育孩子的方式与众不同。另外，这与我们平时喜欢写的"自己生病了，妈妈无微不至地照顾自己"表现母爱的选材也不相同。所以我们结合课文，引导学生选材时要求佳。

一个学生在写《帮助》时，是这样选材的：因为自己脸上有一颗豆大的黑痣，别的同学管我叫黑豆。每当别人提起黑豆，我就认为在说自己，与同学打架，别的同学都看不起我。老师知道这件事后，制止了同学的行为，告诉我这是与别人与众不同的地方。因此我不再在意我脸上的黑痣了。这件事发生在自己的身上真实事例，给自己的心灵留下阴影，但通过老师的开导，使自己走向阳光。很少有同学敢正视自己的不足，所以选材与众不同，又深刻。而另一个学生选"运动会上，我做服务生给运动员带队"这件事。大家都知道，运动会上最耀眼的是运动员，很少有人关注那些服务生，选材的角度比较新。

总之，拓展写作思路的途径还有很多，我想只要我们能持之以恒地进行拓展思路的训练，我们的作文教学就将迎来一个万紫千红的春天。

适时引领，助力学生创意表达

——主题实践活动中微习作的实践与探索

吴　瑞

自"我身边的美食"主题实践活动开展以来，四年级的小家伙们乐在其中，热切讨论的话题多了，志同道合的小伙伴多了，自发结伴的小组也多了，美食推介会也紧锣密鼓地张罗上了。怎样让本组的设计令人耳目一新？怎样让自己的推介让人印象深刻？什么样的呈现方式更吸引人？小脑袋们聚在一起的时候越来越多，我欣喜地注视着他们，同时也在思考着如何为他们提供力所能及的帮助。

欣赏着，整理着，也着实感佩孩子们阶段性成果的丰富。悄然间，问题也显现出来了——摘录、拼剪、手抄报、文配画，五花八门的材料中唯独缺少了孩子们原创的文字作品。原来，感兴趣易、动笔难仍是困惑孩子们的大难题。我柳暗花明般地豁然开朗。

下面以冰糖葫芦为例，谈我在本次主题实践活动中"适时引领，助力学生创意表达"的微习作探索。

一、需求引领——丰富写作素材

我班孩子生长在北京，都吃过冰糖葫芦，有的家长还亲手制作过。可孩子们说起冰糖葫芦，多以"酸、甜"二字概括，描述自己的感受时也仅是结合着这两个感觉，三言两语，感慨几句，较好的孩子也只是在用词用语上稍显丰富一些。既然这般熟悉，为什么学生仍无话可说呢？没有具体的、生动的描述呢？

寻根溯源，我发现，虽然学生对冰糖葫芦并不陌生，但并没有全面、深入地了解，仅知道这是一种美味小吃；另一方面，也因为屡见不鲜、习以为常，学生对观察冰糖葫芦不感兴趣，更缺少停下来想一想的内心关照。

理清原因后，我以"老师最喜欢的美食是冰糖葫芦"为由寻求孩子们的帮助：

请孩子们查阅书籍、上网、走访长辈，采取多种形式收集有关冰糖葫芦的资料，并且可以用自己喜欢的形式记录下来，然后与老师一起分享。

我自然乐在其中，和孩子们一起绘制思维导图，记录冰糖葫芦的起源、历史、有关的歌词；制作手抄报，以图文并茂的形式记录了功效、传说、制作方法；利用手机 App "美篇"，重新编排搜集到的图片和自己的拍照照片，进行配乐简介……能帮助老师、用自己喜欢的形式呈现学习成果，顺应了学生的天性和兴趣，激发了学生的不尽热情。孩子们在这一过程中，学习如何多渠道获取信息，学习如何筛选取舍信息，学习怎样整理概括信息，感受到了冰糖葫芦这一美食背后丰厚的文化内涵，为后续主题实践活动积累了丰富的素材。

二、活动引领——聚焦真情实感

前期活动开阔了学生的视野，他们对冰糖葫芦有了更多了解，交流时有话可说了，而且不论是角度，还是内容，都丰富起来了。欣慰之际，我发现最困扰学生的问题似乎仍未解决——怎样才能让学生把美食带给人的独特感受写真实、写清楚呢？怎样改变学生"好吃极了""心里美滋滋的"等空洞的语言面貌呢？我把目标聚焦到了学生的真切体验、真实表达上。

（一）真切体验，引领多视角观察

"同学们，快来分享我的最爱！见者有份！"一上课，孩子们的眼睛一下子盯住了那一串串红艳艳的冰糖葫芦。

正可谓囫囵吞枣，不亚于猪八戒吃人参果。孩子们的兴奋点都在老师请客上，都在冰糖葫芦的美味上，等到交流自己的观察与感受环节，又冷场了、卡壳儿了，目光也开始躲闪了。

"再来一份呗！"看着变戏法儿似的出现在讲桌上的又一堆美食，孩子们躲闪的目光又回来了，虽然兴奋依旧，但关注点似乎开始转移了。

1. 察其形，适时联想

孩子们七嘴八舌地汇报着自己的所见、所感、所思，热闹异常。

"看，一串串的山楂果，多像一个个小红灯笼。"

"红红的果子外面裹着一层薄薄的糖衣，晶莹剔透，我都要流口水了。"

"这红艳艳的颜色，看着就让人觉得特别喜庆。"

"圆圆的红果，象征着团圆美满，难怪人们这么喜欢吃。"

2. 品其味，真实体验

这次，孩子们不再急着"消灭"冰糖葫芦了。我和孩子们一起分阶段慢慢感受品尝冰糖葫芦的体验：入口时什么味道？一口咬下去、咀嚼时又是什么感觉？一颗红果被完全吞咽后，留下了怎样的余味？这些又让你想到了什么？……

师生共同体验的积累、真实情感的交流，兼顾了个性与共性，同时也让学生在展开相关联想、恰当运用修辞方法等方面受到了潜移默化的启示。

（二）真实表达

全面观察、留心品味，让孩子们处在"情动而辞发"的愤悱状态。而情感的流露和迸发是表达的源泉。真实体验为学生的表达提供了鲜活的素材，学生迫切地渴望分享与表达。我及时为学生创设了这样的虚拟情境：

"远在非洲的一位盲人小朋友也非常喜欢中国美食，我们该怎样向他推荐冰糖葫芦呢？"

这个类似真实的情境，为孩子们设置了读者，燃起了他们进一步表达的愿望，但也给孩子们的推介设置了障碍，指向了规定动作——文字表达："盲"则不可视，图片照片文字等可视性资源不可用；"非洲远"则物资匮乏、无法亲历，需要我们提供自己的切身感受，引发共鸣。

当表达成为一种自我需要时，自然激发了学生写作的原动力；而读者情境赋予这种自我需要更深层次的价值，增加了外部的任务驱动力，维持了多元表达、个性写作的持久热情。

三、示范引领——服务有序表达

阅读是输入，写作是输出，二者关系密切。而从习作例文中吸收作者遣词造句、布局谋篇的方法与巧妙，是统编版教材的一大特点。为此，我结合自己偶然发现的美食，为学生准备了介绍南方美食《小笼包》、家常菜《醋熘白菜》两篇"下水文"（略）。

例文前置，拓展了学生写作的思路——可以从不同方面介绍美食；提示了学生观察的角度与方法（如不同感官的全面参与等）；强化了"展开相关联想，能让作文更生动"等习作要素，更重要的是为表达上有困难的学生提供可模仿的例子，保障了全员参与的写作活动顺利完成。

美食推介会如约展开。班级展示墙上的作品异彩纷呈，展板前的小解说员自信满满，社团活动室里飘出美食的香味，舞台剧中的"小老外们"纷纷谈论起中国美食……而孩子们就在这一过程中默默地成长，听说读写及综合素养的拔节声此起彼伏、绵延不息。

四、拓展引领——指向创意生活

写作源于生活，写作也定能再现生活、影响生活及至点亮生活。美食主题实践活动仍在继续。

（一）美食是生活中的一抹亮色

美食，是家乡的一道特色小吃；美食，是妈妈或奶奶做的一道拿手好菜。美食，是离家多日，自然而然浮现出来的家的味道；美食，是取得进步时，家人对自己的犒赏……孩子们借自己的"作品"，分享着自己心目中有特殊地位的美食，对美食的认识也愈加深刻了——美食并不只是一种吃食，还寄托着每个人特殊的情感。

（二）美食深受文人墨客的偏爱

古往今来，文人墨客钟爱美食，对美食的描述有所偏爱，而人们往往又在这些令人垂涎的描述中对美食心生向往。范仲淹在《江上渔者》中写下了"江上往来人，但爱鲈鱼美"的诗句，表达了诗人对于鲜美的鲈鱼的赞美。杜牧写下了"一骑红尘妃子笑，无人知是荔枝来"，描述了帝王为博得贵妃一笑，不惜使人快马加鞭把三日则色、香、味尽去矣的荔枝从岭南运往长安。"桂花香馅裹胡桃，江米如珠井水淘"则是诗人对于月饼的描述。就连中国古代四大名著之一的《红楼梦》中，也有刘姥姥来到大观园享用美食"茄鲞（读音：xiǎng）"片段，有酸笋鸡皮汤、枣泥馅山药糕、藕粉桂糖糕、松瓤鹅油卷、鸡油卷、火腿炖肘、小荷叶儿小莲蓬汤、木樨清露、玫瑰清露、玫瑰卤子等，不胜枚举的美食描述。

贾母笑道："你把茄鲞搛些喂他。"凤姐儿听说，依言搛些茄鲞送入刘姥姥口中，因笑道："你们天天吃茄子，也尝尝我们的茄子弄得可口不可口。"刘姥姥笑道："别哄我了，茄子跑出这个味儿来了，我们也不用种粮食，只种茄子了。"众人笑道："真是茄子，我们再不哄你。"刘姥姥诧异道："真是茄子？我白吃了半日。姑奶奶再喂我些，这一口细嚼嚼。"凤姐儿果又搛了些放入口内。刘姥姥细嚼了半日，笑道："虽有一点茄子香，只是还不像是茄子。告诉我是个什么法子弄的，我也弄着吃去。"凤姐儿笑道："这也不难。你把才下来的茄子把皮签了，只要净肉，切成碎丁子，用鸡油炸了，再用鸡脯子肉并香菌，新笋，蘑菇，五香腐干，各色干果子，俱切成丁子，用鸡汤煨干，将香油一收，外加糟油一拌，盛在瓷罐子里封严，要吃时拿出来，用炒的鸡爪一拌就是。"刘姥姥听了，摇头吐舌说道："我的佛祖！倒得十来只鸡来配他，怪道这个儿！"

引入同学们耳熟能详的诗句、故事，介绍文学作品中的美食，意在让学生体会中华饮食文化的博大精深、源远流长，体会中华的饮食文明和其他文明一起在历史中轮回，感受美食的传承离不开古代文人墨客的功劳。更重要的是让学生了解文字对于饮食文明传承的重要性，激发学生创作的欲望，同时还给小学生阅读《红楼梦》这样的名著提供了一个全新而可行的视角。

（三）美食推介是一道富有班级特色的迷人而独特的风景

难道只有茄鲞这样的饕餮大餐，才能写出这样精彩的描述吗？那些美味的小吃只能靠口口相传才能传承下去吗？新时代的我们该怎样做？

"美食主题实践活动"就在这样的一个又一个问题的不断追问下，开展得如火如荼。或搜集资料，或调查访谈，或亲历观察，或动手实践……一篇篇美文诞生了——孩子们用自己手中的笔，用自己精彩的构思与写作，向别人介绍或推荐熟悉的美食；一个个精彩的故事继续着——"我也跟爸爸学会了醋熘白菜！""去广西旅游时我尝到了当地最有名的荔浦芋头，还去地里走了一遭！""我的作文《学做'朝鲜冷面'》在红领巾广播站播出了！"……

而这也恰恰印证了叶老所说："生活是写作的源泉。"只有热爱生活，继而感受生活、观察周围世界，才能获得丰富的写作资源。反之，孩子热爱生活、喜欢写作，也能影响生活、丰富生活、创意生活。

《义务教育语文课程标准（2011版）》指出，要从小培养学生留心观察周围事物的习惯，要有意识地丰富学生的见闻，强调写作教学"应贴近学生实际，让学生易于动笔，乐于表达，应引导学生关注现实，热爱生活，积极向上，表达真情实感"。

针对学生"熟视无睹"、言之无物的现状，本次实践活动以"观察、品尝、体验（即亲历）过程中展开丰富合理的联想"作为习作指导的重点，采用全程陪伴的方式，随时发现问题，适时点拨引领，拓展思路、丰富素材、示范引领、链接生活，为学生搭建了思维和表达的一个个"支架"。同时，教师关注学生作品的丰富性，更关注学生写出作品的全过程，小目标、低台阶，让学生真正体验到了成功的愉悦。

本次主题实践活动中"微习作"的设计与实施，不拘泥于传统的习作课模式，突破了固化的教学环境，一改原有教学的枯燥乏味，将"看、闻、尝"等学生亲历的实践活动融入指导过程，既在潜移默化中达成了教学目标，更让学生感到了写作不难，懂得了写作就是关注现实、表现生活和表达自我，懂得了写作可以让生活富有创意，拥有了习作之外更多的实际获得。

就这样，我在"身边的美食""四季之歌""传统节日"等系列主题实践活动中，及时发现学生的需求，适时点拨引领，利用"微习作"助力学生的创意表达、助力学生核心素养的形成，且行且研究，且行且珍惜！

参考文献

[1] 中央教育科学研究所. 叶圣陶语文教育论集 [M]. 北京：教育科学出版社，1980.

[2] 吴立岗. 小学作文教学论 [M]. 广西：广西教育出版社，2002.

[3] 周一贯."儿童作文"教学论 [M]. 宁波：宁波出版社，2005.

[4] 何捷."微写作"课程建设——写作教学进行时的课程观 [J]. 教育评论，2014（8）.

第二章

教学实践

　　全景理念指导下的语文课堂，是开放而多元的。本章从阅读、口语交际、习作、语文实践活动四个角度收录了一线教师的优秀课堂教学案例，希望能给广大教师予以启示。

第一节　阅读

《树和喜鹊》教学设计

教学基本信息				
课题	树和喜鹊			
学科	语文	学段：低	年级	一年级
设计者	刘秀清			

指导思想与理论依据
《义务教育语文课程标准（2011 版）》对低年级提出的阅读要求是：喜欢阅读，感受阅读的乐趣。一年级学生的起始阅读，重在培养兴趣，激活他们的心灵，让他们在阅读中有所发现，在发现中热爱阅读。因为朗读、想象、角色体验是他们学习阅读的重要方式，所以语文教学应创设适合学生想象、体验的学习情境，让学生置身课文情境去朗读，使他们喜欢阅读，感受阅读的乐趣。

教学背景分析

学习内容分析

　　《树和喜鹊》选自统编教材一年级下册第三单元，本单元围绕"伙伴"主题编排了《小公鸡和小鸭子》《树和喜鹊》《怎么都快乐》三篇课文。其中两篇是童话，最后一篇是儿童诗。《树和喜鹊》一课向我们展现了三个画面：一棵树和一只喜鹊孤单地生活；后来这里有了许多树、许多鸟窝、许多喜鹊；喜鹊们、树们快乐地生活。随着画面的不断丰富，树和喜鹊由单个变成群体，由孤单变得快乐，生动形象地告诉学生：每个人都需要朋友，有朋友才会快乐！全文一共 6 个自然段，每两个自然段讲述一个画面，结构相似，条理清晰，语言简洁。这篇课文的语言也非常有特色；课文的 2、4、6 自然段都用一句话构成一段，句式相同，第 1 自然段连续用了三个"只有"；第 5 自然段用了两个"叽叽喳喳"；句子对称，读起来朗朗上口。

学生情况分析

　　本次学习重点是联系上下文了解词语的意思。学生在《小公鸡和小鸭子》一课已经初步了解这种方法，但还不是十分明确，因此，需要引导学生学会用联系上下文的方法理解词语的意思。另外，一年级学生还不能有意识、积极主动地积累词语，而词句的积累和运用是本课的另一个学习重点，需要老师在课堂上加以点拨，提升学生词语积累的意识，提高词语运用的能力。

续表

教学目标

教学目标

认识"窝、孤"等9个生字和子字旁、倒八2个偏旁，读准多音字"只、种、乐"的字音；会写"单、居"等6个字。

通过联系上下文，了解"孤单、邻居"等词语的意思，积累"从前、叽叽喳喳、安安静静"等词语。

正确、流利地朗读课文，读准"一"的变调。通过想象画面、体会心理朗读好课文，感受语言的节奏，知道有朋友就有快乐。

教学重难点

用"联系上下文了解词语意思"的方法，知道"孤单、邻居"等词语的意思。在朗读中了解树和喜鹊从孤单到快乐的变化过程。体会有朋友的快乐。

教学过程与教学资源设计

第一课时

一、出示图片

PPT展示一张喜鹊的图片。

师：小朋友们大家看一下，这是什么小动物啊？

你们对喜鹊有哪些了解？

喜鹊被人们认为是一种报喜的鸟：喜鹊枝头叫，好事要来到。所以叫喜鹊。

树和喜鹊之间发生了一件什么故事呢？

【设计意图：从趣味图片导入，让学生对喜鹊有初步的了解，对课文产生兴趣。】

二、板书课题

三、自读课文

自由朗读课文，遇到不认识的生字圈一圈，再想办法认识它：可以看后面的生字表，也可以自己猜读。

四、认读字词

1. 同桌互相学习、检查读生字

2. 集体学习

教师出示生字生词PPT：

第一组：鸟窝、邻居、孤单、招呼、快乐。

"邻居"：说说你家的邻居？

还有一个右耳旁的字：都。

"孤单"是什么意思？就是指自己一个人，比如一个人吃饭、一个人做游戏，没有人陪着，那种不快乐的心情。比如，"爸爸妈妈留我一个人在家，我感觉很孤单"。这一段中的生字就是"孤"和"单"。

提示："孤"左边的"子"，表义，指幼儿，右边的"瓜"表音。"孤"表示单独无伴的孩子，通常指丧父、丧母或父母俱亡的孩子。"单"指的是独一的、独个的、一个的。

结合生字"孤、单"认识新偏旁——子字旁、倒八。

第二组：只有、一只、种树、种子、音乐、快乐。

第三组：安安静静、叽叽喳喳。

这样的词语你们会说吗？积累词语。

比如，开开心心、高高兴兴、快快乐乐。

第四组：一棵树、一个鸟窝、一只喜鹊、天一亮、天一黑、一起飞。

3. 标自然段，订正字音

把生字生词放进课文，指名分自然段朗读课文，注意订正字音。

【设计意图：通过自由读、同桌互相检查读，达到正确朗读课文；通过多种方法认读生字生词，达到读准字音，理解部分词语的意思，为朗读课文、了解课文内容做铺垫。】

五、整体感知

（一）说说课文主要讲了一件什么事

《树和喜鹊》讲：从前，一棵树上只有一个鸟窝，一个鸟窝里只有一只喜鹊，喜鹊和树都感觉很孤单。后来，一棵树变成了很多树，一个鸟窝变成了很多鸟窝，一只喜鹊变成了好多喜鹊，树和喜鹊都很快乐。

结合学生理解进行板书。

（二）引导学生结合插图大致读懂课文内容

第一幅图：对应 1、2 自然段。

第二幅图：对应 3、4 自然段。

第三幅图：对应 5、6 自然段。

（三）你有什么不懂的问题

【设计意图：通过互相交流、借助插图，初步了解课文内容。】

六、再现字词

PPT 出示生字生词。

指导书写：单、居、招、呼。

重点强调：

单：上窄下宽、左低右高、关键笔画。

居：半包围结构、上小下大。

招:左右结构、左右穿插。

呼:左右结构、左右穿插。

练习给生字组词。

七、朗读儿歌

PPT 播放儿童诗歌。学生自由练读。

一棵树,一个窝,

一只喜鹊真孤单。

好多树,好多窝,

有了邻居真快乐。

天一亮,一起飞,

叽叽喳喳打招呼。

天一黑,一起回,

安安静静来睡觉。

【设计意图:以创编儿歌的形式复习课文内容,复习生字,增强学习的趣味性。】

八、完成生字认读、填空

第二课时

一、引入课文

这节课我们继续学习第六课《树和喜鹊》。

二、复习词语

(一)开火车认读生字

出示生字卡片。

(二)出示词语

开火车朗读。

带有多音字的词语:快乐、种树、只有、音乐、种子、一只。

积累词语:叽叽喳喳、安安静静。

课文说谁在什么时候叽叽喳喳,又安安静静地睡着了?

每天天一亮,喜鹊们叽叽喳喳叫几声,打着招呼一起飞出去了。天一黑,它们又叽叽喳喳地一起飞回窝里,安安静静地睡觉了。

像"安安静静"这样的词语谁还能说几个?

用自己的话说说故事主要讲了什么?可用上下面的词语。

从前、喜鹊、孤单、叽叽喳喳、后来、邻居、快乐、安安静静。

三、品读词句,感悟内涵

教师出示两个句子:

树很孤单,喜鹊也很孤单。

树很快乐，喜鹊也很快乐。

树和喜鹊为什么从前是孤单的，后来又快乐了？

（一）学习第一、二自然段

轻声自由朗读第一、二自然段，联系上下文说说什么是孤单，为什么树和喜鹊都很孤单？

出示课文中带"孤单"一词的句子，读一读，说说从哪些地方看出树和喜鹊都很孤单。

提示：三个"只有"；三个"一"，即一棵树、一个鸟窝、一只喜鹊。

出示图片理解（课文插图一：一棵树、一个鸟窝）。

联系生活经历理解"孤单"：你有过这种经历吗？自己一个人，周围没有朋友，也没有家人，当时自己是怎么想的？感觉如何？

练习朗读，读出树和喜鹊的孤单。

出示句子：树很孤单，喜鹊也很孤单。

说说从这个"也"字你感受到了什么。

（二）学习第三、四、五、六自然段

1. 读课文 3～6 自然段，后来树和喜鹊又有了什么变化？（树很快乐，喜鹊也很快乐。）

是什么原因使树和喜鹊变得快乐起来？轻声朗读课文，画出相关句子。

师生合作朗读：后来，这里种了（好多好多树），每棵树上（都有鸟窝），每个鸟窝里（都有喜鹊）。树有了……

2. 出示句子：树有了邻居，喜鹊也有了邻居。

它们一起做什么？

体会：叽叽喳喳、安安静静等叠词的作用。

想象：叽叽喳喳的内容是什么？（一起捕食，讲故事，聊天……）

3. 现在的喜鹊，心情怎样？会说些什么？

4. 填空"因为_____，所以树很孤单，喜鹊也很孤单；因为_____，所以树很快乐，喜鹊也很快乐。"

你能用"……也……"说话吗？

学生朗读第三至六自然段。

四、绘本阅读《孤单的小黑点》

五、指导书写

观察范字：说一说你有什么要提醒大家的。学生自由发言。

教师范写"快乐"两个字。

学生书写。

评价书写。

练习组词说句。

续表

教学特点（教学反思）

一、落实本单元的目标——联系上文了解词语的意思

通过第一自然段中"一棵树、一个鸟窝、一只喜鹊、只有"，了解孤单的意思。为了能切身感受到树和喜鹊的孤单，让学生联系生活实际，谈孤单的感受，加深学生的理解。

二、朗读突出方法——想象画面，体会心情

本课的画面感比较强，学生比较容易想象到画面，树和喜鹊的心情由孤单到快乐也很贴近儿童心理。低段的朗读指导离不开老师的示范和引领，在这一点上，教师及时、适时地发挥好老师的指导作用，引导学生边读边想象画面，在朗读中了解树和喜鹊从孤单到快乐的变化过程。

《动物王国开大会》教学设计

教学基本信息				
课题	动物王国开大会			
学科	语文	学段：低	年级	一年级
设计者	何悦			
指导思想与理论依据				
课标指出，阅读是运用语言文字获取信息、认识世界、发展思维、获得审美体验的重要途径。语文课程致力于培养学生的语言文字运用能力，提升学生的综合素养。要求我们聚焦提升学生语文素养，提升学生语言思维能力，落实在本课体现为初步具备收集和处理信息的能力。				
教学背景分析				

学习内容分析

《动物王国开大会》位于部编教材一年级下册第七单元，本单元围绕"习惯"这个主题编排了4篇课文。本篇童话篇幅较长，在结构上具有反复的特点，看似重复，实则逐步递进，让学生逐渐明白发布通知时要把重要的内容说清楚、说完整。

根据课文信息做简单推断是本单元的学习重点，是对一年级上册第八单元"初步培养学生寻找明显信息"和本册第二单元"找出课文中明显信息"进行深化；同时也是在为二年级上"能从文中提取信息，并进行恰当表达"进行铺垫，起着纽带的作用。在本单元此项能力的习得也体现着层次性，本课要求学生能够根据已知信息对后面的内容做出推断，起着承上启下的作用。

另外课文配有 5 幅插图，生动形象，但是对于第三幅插图——"经过提醒的狗熊回去会怎样问老虎？"这一环节，课文却没有给予详细描写，这为学生推断后续情节提供了空间，应当充分利用。

学生情况分析

学生第一次接触篇幅较长的课文，阅读起来有一定困难，很难建构起课文的整体性；即便在日常生活中都接触过通知，但对于发布通知要说清楚哪些要素还是缺乏系统性的认识；虽然能够进行简单推断，但是表达起来有一定的难度，对于信息整合也缺乏宏观角度的思考。

教学目标及重难点

教学目标

巩固"物、虎、熊"等 11 个认读字和"要、百、舌、点"4 个生字，会写"连""还"两个生字。

借助插图并通过角色体验读好对话，读出疑问句和感叹句的语气。

能根据已知信息进行简单推断，了解发布通知时要把时间、地点、参加人、事情等要素说清。

教学重难点

教学重点：能根据已知信息进行简单推断，了解发布通知时要把时间、地点、参加人、事情等要素说清。

教学难点：借助插图并通过角色体验读好对话，读出疑问句和感叹句的语气。

教学过程与教学资源设计

一、分类读词，再现故事

出示本课生词，开火车认读，并请同学们把故事中的动物名称按照出场顺序进行排序。

伸舌头 做鬼脸 捶脑袋

第二天 八点 森林广场

老虎 狗熊 狐狸 大灰狼 梅花鹿

续表

横着读一读这些词语，说说你有什么发现？

选用上边的词语，给大家简单说说这个故事。

预设：动物王国要开大会，老虎让狗熊通知，狗熊在狐狸、大灰狼、梅花鹿的提醒下，一次又一次才把通知说清楚。

二、聚焦留白，推想判断

（一）抓住故事留白，猜故事，学推想

上节课我们仔细阅读了狗熊发布的四次通知，发现这几次通知都没有写狗熊回去是怎么问老虎的。请同学们仔细读一读课文，结合课文内容想一想：经过提醒的狗熊回去会怎样问老虎呢？

听了狐狸的话，狗熊去问老虎："大王，请问大会哪一天开？"老虎说："大会就在明天开，你快去通知大家吧！"（关注到了日期）

……

听了大灰狼的话，狗熊去问老虎："大王，请问大会几点钟开？"老虎说："大会就在明天上午八点开，你再去通知大家吧！"（关注到了具体的时间）

……

听了梅花鹿的话，狗熊去问老虎："大王，请问大会在哪开？"老虎说："哎呀！忘了说地点。大会在森林广场开，你再去通知大家一下吧！"（关注到了地点）

听了狐狸的话，狗熊会怎么问老虎呢？

依次请同学说说听了大灰狼、梅花鹿的话后，狗熊会怎么问老虎呢？

预设：在经过狐狸提醒的狗熊与老虎对话中，需要补充的内容学生可能会称为"什么时候"，需引导学生再仔细阅读狐狸的话，再把问题表达得准确。

（二）创设对话情景，演角色，促朗读

如果你是狗熊或者老虎，你会怎样读这段话呢？同桌之间分角色，配上动作读一读对话，看看哪组读得最好。

请同桌戴上头饰进行展示，引导学生读出"？和！"的语气。

（三）仔细品读对话，找信息，感要素

你认为这几次对话狗熊分别关注到了哪些信息？

预设：第一次和第二次狗熊关注到的信息学生可能都会称为"时间"，需引导学生再仔细阅读前两次狗熊与老虎的对话，想想怎样能将两次关注的信息区分开？学生认真思考后不难发现，第一次关注的是"日期"，第二次关注的是"具体时间"。

续表

三、聚焦通知，训练思维

（一）能力巩固：聚焦课文，引导提取信息

1.创设情境，广播通知，助朗读

终于问清老虎的狗熊又会怎样发布第四次通知呢？如果你是狗熊，你会怎样广播第四次通知呢？（学生互读，教师范读，学生带读等多种方式）

2.教师引导，提取信息，教方法

板书：第四次通知。同学们认为，这一次通知后，大会能成功召开吗？为什么呢？狗熊说了哪些信息？

请同学将磁贴贴在对应信息下：日期、时间、地点、参加人、事情。

3.固定句式，引导整合，助表达

请你用"第四次通知，因为狗熊 ___，所以 ___。"的句式将大会召开的原因说清楚。

预设：第四次通知，因为狗熊说清了日期、时间、地点、事情、参加人，所以大会成功召开了。

（二）能力迁移：聚焦习题，自主提取信息

其实通知在我们的日常生活中也经常能够见到。老师今天也给大家带来了一则通知，快来读读，再和同桌进行交流：你能找到通知里的信息吗？

通　知

4月22日上午8点，请各班参加运动会入场式的同学，在教学楼门前集合。

少先大队部

4月20日

时间：　　　　　地点：　　　事情：　　　参加人：

通知人：　　通知时间：

预设：时间要素提取可能会丢下4月22日，可引导其他学生进行补充，并进行圈画建立完整意识。也可能会混淆时间与通知时间，可追问"谁发现了区分时间和通知时间的小窍门？"引导学生自主发现通知时间在通知的右下角。

你认为要想把通知发布清楚，除了咱们刚刚课文中的四点。还要说清哪些方面的内容？（相机板书：通知人　　　通知时间）

（三）能力延伸：聚焦生活，口头发布通知

前不久小明同学向我们发出了求助：

4月20日王主任要求小明到广播室通知各班班长本周五课间操到会议室开会。如果你是小明，结合我们刚刚总结的通知要素你会怎样发布这次通知呢？

　　预设：部分同学可能无法口头将通知说清楚说完整，可先引导其他孩子进行补充。之后有能力的同学可以口头讲一讲完整清楚的通知，只要帮助孩子初步建立完整的意识即可。

通　知

4 月 20 日

四、自主读帖，独立书写

出示"连"和"还"，先引导学生观察，说说自己的发现。

预设：连、还都是半包围结构，都以走之做部首，写的时候"车"和"不"偏右上，把位置谦让给走之。而走之的写法之前已学过，所以这节课做复习。

教师边口述边范写，同学先伸出小手疏通笔顺，之后摆好写字姿势与握笔姿势，再进行书写，描一写一。

展示学生作品，师生点评、学生互评、自评后再写一个，争取写得更好看。

（评价角度：正确星、整洁星、美观星。）

五、拓展阅读：《只听半句》

只听半句

他无论听谁讲话，
都只听半句。

奶奶告诉他："天冷了……"
他说："知道了，知道了，
我已经加了一件衣裳。"

爸爸说："瞧你这道算术题……"
他说："知道了，知道了，
我以后一定算仔细。"

老师告诉大家："明天的电影，
是上午的儿童场……"
他说："知道了，知道了，
儿童场总不会放在晚上。"

他见公园里有椅子，
园丁叔叔告诉他："这椅子……"
他说："知道了，知道了，
这椅子只许坐，不许躺。"

园丁叔叔来不及阻挡，
他已经一屁股坐上。
刚刚刷上的油漆，
在他屁股上印了两道杠杠。

这怪谁呢？
只怪他听话只听半句。

文中的小主人公有一个不好的习惯，就是：＿＿＿＿＿＿。
你有哪些不好的习惯需要改正？请你写在下边的横线上。

教学特点（教学反思）

教学特色

梳理故事，在信息整理中明确通知要素：依据文本特点，将课文划分层次进行有序教学，帮助学生梳理故事。提取信息进行整合，在对比中感知要素，长文短教、巧教，提高课堂效率。

自主学习，在发现中掌握方法：自主提取通知对比，发现要素、提炼要素，潜移默化中掌握提取通知要素的方法。

层次教学，在实践中发展思维：精心设计教学活动，层层深入、由扶到放，在实践活动中发展语言思维。

教学反思

在本课时朗读环节还应继续深入，创设情境与结合插图帮助孩子猜想狗熊的问题，扮演广播员狗熊的角色在情境下声情并茂地朗读。

可尝试运用小组合作的方式，组内充分讨论：你想大家读出什么样的感觉？你觉得狗熊和老虎可以配上什么动作？将读书权交给学生，提高学生积极性的同时，在潜移默化中提升学生的朗读能力。

《棉花姑娘》教学设计

教学基本信息				
课题	棉花姑娘			
学科	语文	学段：低	年级	一年级
设计者	李书嘉			

指导思想与理论依据

《义务教育语文课程标准（2011版）》指出"阅读教学是学生、教师和文本三者对话的过程"。在教学实践中教师要让学生充分地读，在读中整体感知，在读中有所感悟，在读中培养语感，在读中受到情感熏陶。本设计立足单元整体，根据一年级学生特点，充分利用书中插图，以"悟"代讲。在学生学习过程中，"以读为本"，加强读书实践，把课文的学习变成有趣的读书活动，激发学生阅读兴趣。

教学背景分析

学习内容分析

《棉花姑娘》选自部编版语文一年级下册第八单元的第一篇课文，全文共六个自然段，配有五幅插图。图画色彩明丽，形象生动，便于学生观察，有助于学生对课文内容的理解。课文以童话的形式，寓生物常识于形象的故事之中。通过棉花姑娘请求小动物给自己治病的故事，介绍了燕子、啄木鸟、青蛙和七星瓢虫分别吃不同种类害虫的科学常识。语言符合儿童特点，对学生了解科学知识有较强的启发作用。课文角色丰富，叙事完整，适合低年级学生阅读。

课文采用对话的形式推进故事的发展是本课的表达特色，对话内容口语化，句式不断复现，符合一年级儿童的阅读心理。如第二、三、四自然段，棉花姑娘的人物语言采用相同的句式："请你帮我捉害虫吧！"这是一个祈使句，应指导学生读出请求的语气，体会棉花姑娘心情的变化。燕子、啄木鸟、青蛙的回答都运用了相同的句式，应在学生读懂长句子的基础上，感受燕子、啄木鸟、青蛙"可惜、遗憾"的心情。此外，课文第六自然段出现了"碧绿碧绿的""雪白雪白的"这种形式的短语，学习中可有意识地引导学生积累、拓展。

学生情况分析

一年级学生喜欢童话故事、喜欢朗读，对知识充满了强烈的探究欲望。可以用他们喜欢的方式学习这篇课文，以书中人物的身份参加学习，和小伙伴们一起把充满情趣的童话故事读出来，让他们在读中加深感悟，体会感情。这个年龄段的学生还有一个最大的特点，他们在进行阅读活动时喜欢生动有趣的图画，根据这一特点，可以让他们借助图画，以图带文，找到文中相关内容，有感情地朗读课文。

续表

教学准备 教师准备：研读教材，制作教学课件；辅助学生上课用的学习单；板贴相关内容。 学生准备：查阅资料，了解其他益虫或益鸟。

教学目标及重难点
教学目标 正确、规范书写"病、医"；通过比较，初步体会"碧绿碧绿的""雪白雪白的"表达效果，积累并进行拓展说话。 体验角色读好对话，学习读出祈使句请求的语气，体会棉花姑娘的急切心情；能借助书中的图画，有感情地朗读课文。 训练学生根据信息做简单推断这项阅读能力，了解不同的动物能消灭不同害虫的科学常识。 **教学重难点** 教学重点：通过比较，初步体会"碧绿碧绿的""雪白雪白的"表达效果，积累并进行拓展说话。训练学生根据信息做简单推断这项阅读能力，了解不同害虫的科学常识。 教学难点：体验角色读好对话，学习读出祈使句请求的语气，体会棉花姑娘的急切心情；能借助书中的图画，有感情地朗读课文。

教学过程与教学资源设计

一、初步感知课文，理清情节顺序

师：（板书课题）同学们，棉花姑娘遇到困难啦，你们能说一说她都先后向谁请求帮助了吗？谁能来黑板上给这些小动物排一排顺序？

出示燕子、啄木鸟、青蛙、七星瓢虫的图片。

预设：

【设计意图：有了第一课时学生初读课文的基础，依据学生的阅读规律，在通读全文的基础上引导学生理清故事情节的顺序。】

二、关联文本内容，了解科学常识

师：棉花姑娘向这么多小动物寻求帮助都没有结果，真是太遗憾了。这些小动物明明都能捉害虫，为什么帮不到她呢？赶快到文中找找答案吧。

续表

谁来到黑板上连一连,看看他们都能捉哪里的害虫?

预设:

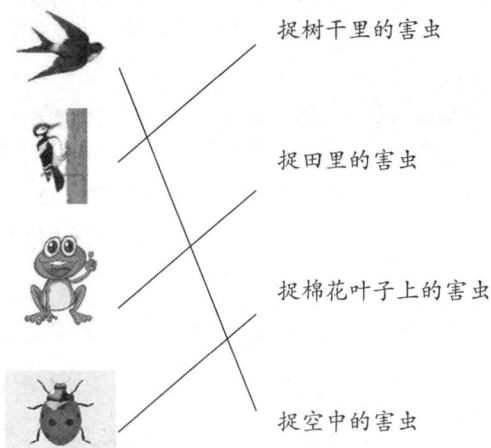

【设计意图:学生依据图片和相关信息进一步联系课文内容,在信息之间建立联系,体会文本内容。】

师:这几位医生真是各有各的本领啊,你们想对他们说些什么?

预设:你们真是太厉害了!

三、依托朗读,再现场景

(一)情境导入

师:棉花姑娘寻求帮助的过程真可谓是一波三折,最后终于成功了,简直太有意思了!同学们,你们能不能把这个过程读出来呢?

每三人组成一小组,展开讨论:三个人怎样分配朗读任务。

预设:学生们有的愿意读七星瓢虫;有的愿意读棉花姑娘;有的愿意读啄木鸟。此时,教师引导学生质疑,如果这样分配角色,那课文的其他部分该由谁来读呢?学生很难将青蛙、啄木鸟、燕子、七星瓢虫等概括成一类,教师随机提问学生:棉花姑娘都向谁求助了?引导学生体会棉花姑娘是向其他小动物求助了,进而领悟棉花姑娘和其他小动物的对话。课文则可以分为棉花姑娘、其他小动物、课文其他部分(旁白)。

小组内展开朗读。

(二)教师采访环节

师:棉花姑娘们,你们都是用相同的语气来读"请你帮我捉害虫吧!"这句话吗?

引导学生体会随着故事的发展,说话的心情和语气也会随之变化。

相机板书"盼望",出示:

燕子飞来了。棉花姑娘说:"请你帮我捉害虫吧!"

刚开始棉花姑娘遇到燕子时是"盼望"的心情。

师：同学们，我们就带着请求、盼望的语气来读一读这句话吧。在燕子那里没有得到帮助，棉花姑娘是什么心情呢？

预设：棉花姑娘更着急了。

师：这时啄木鸟飞来了，让我们带着"请求、急切"的心情再来读一读这段话吧。

相机板书"急切"，出示：

啄木鸟飞来了。棉花姑娘说："请你帮我捉害虫吧！"

师：还是没有得到帮助，但好在这时一只青蛙蹦蹦跳跳地过来了，棉花姑娘看到是什么心情呢？赶快去文中找找答案吧。

预设：高兴的心情。

相机板书"高兴"，出示：

青蛙跳来了。棉花姑娘高兴地说："请你帮我捉害虫吧！"

继续引导学生体会七星瓢虫吃光虫子后棉花姑娘的"惊奇"和病好后的"喜悦"，并相机板书。

【设计意图：设计教师采访环节，引导学生自主体会祈使句在不同场景下的语气，在充分体悟的前提下有感情地进行朗读。】

继续教师采访环节，引发学生思考。

师：其他小动物们，你们发现自己和棉花姑娘说的话有什么特点吗？

预设：我们说的话都是"对不起，我只会捉……的害虫，你还是请别人帮忙吧！"

师：当你们不能帮助棉花姑娘的时候，又是什么心情呢？

预设：觉得很可惜、很遗憾……

【设计意图：通过采访引导学生体会本文内容口语化、句式不断复现的表达特点，体会其他小动物们不能帮助棉花姑娘时的惋惜心情。】

四、借助插图，有感情地朗读

师：体会了棉花姑娘和小动物们的心情，同学们能根据老师出示的图片读出课文中相应的内容吗？

教师分别出示文中五幅插图。

学生根据插图有感情地朗读相关段落。

教师随机指导。

五、对比朗读，体会表达效果

PPT 停在最后一张插图。

师：动物医生确实很厉害，棉花姑娘的病也在七星瓢虫的帮助下治好了，长出了碧绿的叶子和雪白的棉花，真美呀！老师想请两位同学比赛读一读，看看谁能读出棉花姑娘美丽的样子。

教师同时出示两段对话,请两位同学比赛读。

甲:不久,棉花姑娘的病好了,长出了碧绿的叶子,吐出了雪白的棉花。她咧开嘴笑啦!

乙:不久,棉花姑娘的病好了,长出了碧绿碧绿的叶子,吐出了雪白雪白的棉花。她咧开嘴笑啦!

采访甲同学,你觉得是自己读得好,还是乙同学读得好。

预设:学生可能会感到不公平,因为两个人所读的内容不一样,进而体会到后面的表达显得更"绿"更"白"更美。

你能试着说说还有哪些东西也是"碧绿碧绿的"、"雪白雪白的"吗?

碧绿碧绿的_____

雪白雪白的_____

你还能说出这一类词语吗?

预设:火红火红、金黄金黄等。

六、学习"病、医"的书写

出示"病、医",读准字音,笔画书空,比较异同。

强调写好"病字旁",注意"医"字笔顺。

组成词语说一说:生病、看病、病人、医生、中医、医学。

认真观察"病"在书上田字格的笔画位置,教师范写,学生书写。

指导书写"医",步骤同"病"。

反馈评价,学生再练写 1~2 个字。

七、拓展学习与作业

学生拓展阅读《可爱的喜鹊》。

借助文章材料或课前查阅的其他资料,创编对话。

提示:学生可以通过小组讨论的方式,根据材料,模仿第 2~4 自然段对话的形式,编一组对话。也可以通过回家查阅资料,了解其他益虫或益鸟,编几组对话。

【设计意图:拓展文章来自西南师大版一年级下册的课文《可爱的喜鹊》。文章与课文的表达目的接近,适合作为拓展阅读。】

作业:查阅资料,继续寻找益鸟和益虫,用图片或文字的形式做好记录。

续表

板书设计：

19　棉花姑娘

 捉树干里的害虫

 捉田里的害虫

 捉棉花叶子上的害虫

 捉空中的害虫

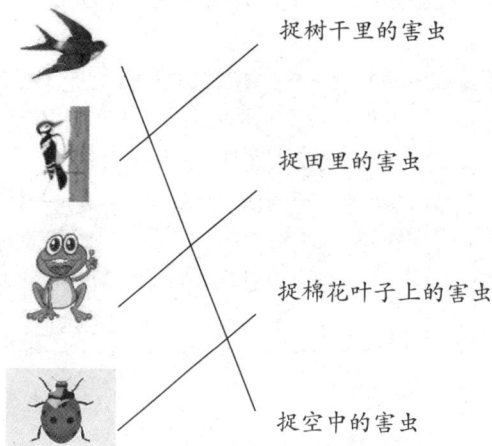

盼望 ——→ 急切 ——→ 高兴 ——→ 惊奇 ——→ 喜悦

病　　医

教学特点（教学反思）

　　《棉花姑娘》这篇课文采用对话的形式推进故事的发展。在处理教材时，我以棉花姑娘心情的变化为主线。先让学生对课文进行了整体感知，让学生了解文本内容。在了解内容的同时，根据课文推断出本课出现的科学知识。紧接着我用采访者的身份，帮助学生学习，体会棉花姑娘心情的变化，被采访的学生可以借助采访的形式更好地体悟情境。这样做既能在较短的时间内同时解决几个难点，又突出了朗读的重点，还扩大了课堂的容量。在这节课中，我还设计了多种形式的朗读训练，比如，自主分配朗读、比赛读、齐读、个别读等。让学生在角色朗读中体会棉花姑娘的急切心情和动物医生帮不了棉花姑娘的抱歉心情。每一次读都有明确的指向，既达到了让学生多读多练的目的，又充分地让学生感受到角色的情感。

　　课文中五幅插图色彩明丽，形象生动，便于学生观察，有助于学生对课文内容的理解。我让学生先利用书中的插图，找出相关段落，进行有感情地朗读，再随机指导，加深学生情感体验。设计站在单元整体的构想下，降低"借助图画阅读课文"这一语文要素的难度，激发学生的阅读兴趣。这篇课文的篇幅较长，要在短短的四十分钟内让学生读好课文，还要完成写字的任务，这是有一定难度的。因此，在课堂上，我抓住重点词进行指导，比如第五自然段中的"惊奇"，第六段中的"碧绿碧绿的""雪白雪白的"等词语。抓住重点词，以读带讲，使学生较好地理解了课文，并完成了积累、拓展。

《夜宿山寺》教学设计

<table>
<tr><td colspan="5" align="center">教学基本信息</td></tr>
<tr><td align="center">课题</td><td colspan="4" align="center">夜宿山寺</td></tr>
<tr><td align="center">学科</td><td align="center">语文</td><td align="center">学段：低</td><td align="center">年级</td><td align="center">一年级</td></tr>
<tr><td align="center">设计者</td><td colspan="4" align="center">李冉</td></tr>
<tr><td colspan="5" align="center">指导思想与理论依据</td></tr>
<tr><td colspan="5">

　　《学科能力标准与教学指南》针对古诗文阅读提出了如下要求：能体味作品的内容和情感；能积累课程标准推荐的优秀诗文；能根据需要尝试运用课程标准推荐的优秀诗文。能诵读儿歌、儿童诗和浅近的古诗，能展开想象，领悟诗文大意。

</td></tr>
<tr><td colspan="5" align="center">教学背景分析</td></tr>
<tr><td colspan="5">

　　学习内容分析

　　《夜宿山寺》是唐代诗人李白所作的一首五言绝句。教材用古诗配图的方式描绘出夜晚诗人站在山顶寺院高楼上的情景。全诗用夸张的手法、绝妙的想象，表达了诗人夜宿山寺，身临高处的独特感受。前两句从诗句上以夸张的手法烘托山寺的高耸入云，后两句从听觉上想象"山寺"与"天上人"的相距之近，山寺之高也就不言自明了。诗人发挥大胆而夸张的想象，极力渲染山寺之奇高，淋漓尽致地描绘出山寺屹立山巅的非凡气势。

　　学生情况分析

　　学生在之前已经学过李白的诗，例如《静夜思》《古朗月行》《望庐山瀑布》等，在学习本首古诗时对所学的夸张手法、虚数知识点进行巩固，理解古诗大致意思。在教学时我注重古诗文的整体性，引导学生基于古诗展开丰富的想象，初步感受古诗文表达的情感。在指导学生背诵古诗时，我设计合理的古诗文背诵层次，循序渐进提高学生古诗文积累的水平。将古诗文和中国传统文化相结合，将毛笔字不同字体带入课堂中，帮助学生了解中国传统文化。

　　教学准备

　　教师准备：搜集相关素材，制作教学课件；辅助学生上课用的学习单；写字时所需的背景音乐；学生书写练习时使用的扇面纸（带有山寺图片）；多字体毛笔字欣赏图片；板书贴纸。

　　学生准备：自读《夜宿山寺》，标出不认识的字；整理诗人李白所做的其他古诗。

</td></tr>
</table>

教学目标及重难点
教学目标 认识"宿、寺、危、摘、辰、恐、惊"等字；会写"危、敢、惊"三个字。 正确、流利、有感情地朗读古诗，背诵古诗。 通过图文对照，想象画面等，大致理解诗句意思。 **教学重难点** 教学重点：正确、流利、有感情地朗读古诗，背诵古诗。 教学难点：通过图文对照，想象画面等，大致理解诗句意思。

教学过程与教学资源设计

一、课前三分钟：看图猜诗人、古诗

师：（出示 PPT）同学们，看！这是谁啊？

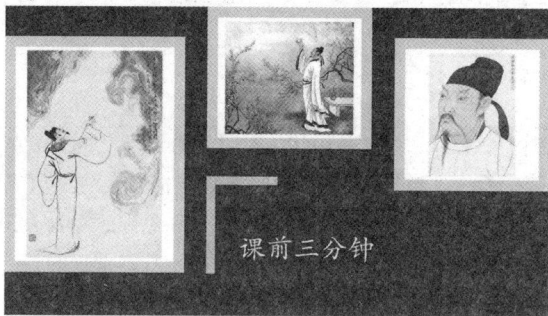

课前三分钟

你们对李白都有哪些了解？学过哪些李白的古诗呢？我们一起来看看图片。

你们能猜出这些分别是哪首古诗吗？说一说是怎么看出来的？

【设计意图：在课前三分钟利用看图猜诗人、古诗的小游戏活跃气氛，将学生的注意力集中在老师身上，同时引导学生联想关于李白的知识和所学过的古诗，将旧知识串联在一起，为学生后面系统学习新知识做铺垫。"在猜《古朗月行》这首古诗时有一定的难度，这时适时地提问学生：你是怎么看出来的？】

二、课题引入

师：这节课我们要学习李白写的另一首诗，名字叫《夜宿山寺》。（学生和老师一起书写课题。板书：夜宿山寺）

通过古诗题目，你们知道了什么？什么时间？什么地点？什么事情？（学习"宿"）

预设：夜晚，诗人李白住在山中的寺庙。

板书：学生说清之后画一座山。

【设计意图：利用字源识字法学习"宿"，让学生体会字源识字的好处，初步了解中华优秀传统文化。】

三、初读古诗

要求：读准字音，不多字，不少字。

学生自读，读给同桌听，读准字音。

认识字词，认识"宿、寺、危、摘、辰、恐、惊"等字。

指名读，学生评价。

教师范读，学生评价。

【设计意图：学生初读古诗，了解古诗大意，在学生自评和他评的过程中发展学生的语言表达能力，增进学生的交流。】

四、逐句解释，深入理解

师：这首诗中的山寺给你们什么样的感觉？

预设：高、静。

师：你们是从哪句话看出来的？和小组成员一起讨论讨论。

危楼高百尺——贴山寺图片，朗读诗句，利用字源识字法随文识记生字"危"，出示图片解释：危楼，指高楼；百尺，虚数，不是确切的数字，形容非常高。带着你的想象，感受山寺的高，一起读这句诗：危楼高百尺。

手可摘星辰——贴星星、月亮图片，朗读诗句，解释：星辰，指月亮、星星、太阳。

师：这座山寺可真高啊，高到伸手就可以轻而易举地摘到星星、月亮。真的可以摘到吗？这是诗人发挥奇特的想象来描写山寺的高。带着这种夸张的想象，我们一起来读这句诗：手可摘星辰。站在这么美妙的地方，李白本该高声吟诵一番，可是他却……

不敢高声语——贴诗人图片，朗读诗句，随文识字"敢"。

恐惊天上人——带着想象，读古诗，随文识字"惊"。

师：李白是非常浪漫的诗人，他相信九天之上有天宫，天宫里住着神仙，所以他不敢大声说话，害怕惊扰到天上的神仙。我们应该怎么读这句诗？一起读：不敢高声语，恐惊天上人。

我们已经把这首诗逐字逐句地学完了，接下来，请回忆刚刚老师带大家看到的景象，想象画面，带着动作，一起朗诵古诗（出示 PPT）。

谁来说一说，读了这首诗，你看到了什么样的画面？你是从哪句话看出来的？

预设：危楼高百尺，手可摘星辰。

师：这两句诗是从视觉的角度来描写山寺的高。那你们猜猜，后两句诗是从哪个角度来写的？

【设计意图：利用三个小问题：这首诗中的山寺给你什么样的感觉？你是从哪句话看出来的？你能说说这句话的意思吗？展开小组讨论，对古诗进行深入理解。】

五、欣赏古诗书法作品

你们喜欢这首古诗吗？还有很多人也非常喜欢这首古诗。他们将古诗画成了画，用漂亮的毛笔字传承着这首古诗，我们一起来欣赏一下吧（出示书法作品）。

【设计意图：引用书法方面的相关知识，将四种书法形式和语文课程相融合，希望孩子可以通过古诗和书法进一步对中华传统文化知识有一定的认识，同时也激发孩子的背诵兴趣。】

六、总体评价，默写古诗

师：看了这么多作品，你们是不是也跃跃欲试想动笔写一写这首古诗呢？（写字姿势）

邀请两位同学进行评价。

评价标准：正确、端正、整洁。

【设计意图：利用图片、想象等方法，结合古典乐、扇面等形式进行古诗默写，使学生进一步感受中华优秀传统文化，引用扇面元素，传承了中国传统文化。在本环节针对写字姿势和写法指导上加入了学生评价环节。】

七、小结

通过这节课的学习，你都学会了什么？

八、作业

默写古诗，背诵古诗。

九、板书设计

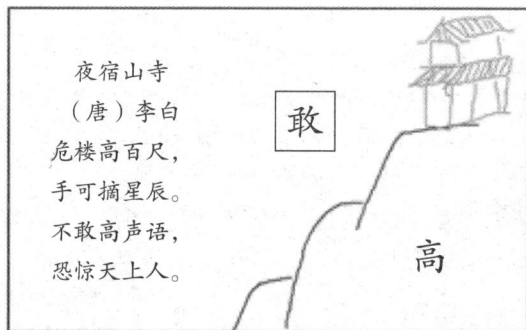

续表

教学特点（教学反思）

一、课前三分钟，激发学生学习兴趣

串联新旧知识，引发学生联想。课前三分钟开展看图猜诗人、古诗的小游戏，将学生的注意力集中在老师身上，同时引发学生联想关于李白的知识和所学过的古诗，将旧知识串联在一起，为学生后面系统学习新知识做铺垫。在猜《古朗月行》这首古诗时有一定的难度，这时适时地提问学生：你是怎么看出来的？他会说："月亮向白玉盘一样圆。"

二、利用象形文字解释"危"和"宿"，帮助学生理解诗句

这首诗写的是一个书生夜宿山顶寺院的情景，集中突出了寺庙高的特点。诗的第一句"危楼高百尺"就点出了寺庙的高，"危"并不是危险的意思，"危楼"不能理解为危险的楼，而是指很高的楼，"百尺"不能理解为高一百尺，而是虚指很高的高度。这是一种夸张的写法，这时，可让学生回忆一下，你学过的李白哪首诗也很夸张的，《赠汪伦》中的"桃花潭水深千尺"和《望庐山瀑布》中的"飞流直下三千尺"。《夜宿山寺》的第三、第四句"不敢高声语，恐惊天上人"突出了诗人的浪漫和无穷的想象力，《望庐山瀑布》中的"疑是银河落九天。"也突出了诗人的浪漫和无穷的想象力。由此可见李白是一个很浪漫，富有无穷的想象力的诗人。由此帮助学生在理解的基础上熟读成诵。

在学习生字时，我利用字源识字方法让学生认识"危""宿"二字，给学生充分的想象空间，让学生认识到字源识字也是一种学习生字的好办法。

三、通过多听、多读、多品加深对古诗的理解

我把教学重点放在诗歌的朗诵上，在揭示课题理解课题意思后，让学生自由读诗歌，然后通过指名学生读，分小组读等方式，让学生熟读成诵，初步感受作者的思想感情。

在理解诗歌意思时，我先让学生试着自己说说诗句的意思，然后再逐步理解诗歌词语意思，让学生对诗句意思有一定的理解。但在这一环节中，在引导学生理解诗人夸张手法的运用时，做得不是很好，在教学"恐惊天上人"时，学生质疑：天上没有神仙，诗人为什么这样写呢？我直接告诉学生这里诗人运用了夸张的想象，但是显然，孩子们对夸张这一修辞手法并不是很理解，这一环节的教学需要我去思考，如何引导孩子深刻地理解作者所使用的写作手法呢？

四、品鉴书法，走进文学殿堂

拉近学生与书法大家和诗人的距离，为学生树立书写榜样，让学生产生民族自豪感。诗歌学习结束，我引用书法的知识，将书法和语文课程相融合，希望孩子可以通过古诗和书法进一步对中华传统文化知识有一定的认识，同时也激发孩子的背诵兴趣，这一做法在以后的教学过程中可以经常使用。因为语文课文中有许多课文篇章需要学生去背诵，如何有效地激发孩子的背诵兴趣是我一直在思考的问题。在其他教师的教学反思中提到，可以采用多种背诵方式，小组竞赛背、开火车背、快背、慢背等方法来激发孩子的背诵兴趣，这个给我一定的启示，让我在实践中取得了不错的教学效果。在古诗默写环节有三十四位同学默写得了两颗或三颗星星，有五位同学默写得了一颗星星。

小组合作学习更多的是对合作学习能力的提升，每个学生在合作学习时都应该有一个角色担当，同时老师还要明确小组合作学习要解决的具体问题。

五、多元评价让课堂的学习氛围更活跃，让学生学到了更多知识

在授课时，我利用多元评价，让学生进行自评、生生互评、师生互评等多种评价方式，让学生提高语言表达能力，增加同伴间的交流。针对《夜宿山寺》这首古诗，我设计了六个评价点：识字、写字、朗读、联想、评价、欣赏。不同的评价点的达成程度是不一样的。我把教学重点放在诗歌的朗诵上，在揭示课题，理解课题意思后，让学生自由地读诗歌，通过指名学生读、分小组读等方式，让学生熟读成诵，初步感受作者的思想感情。

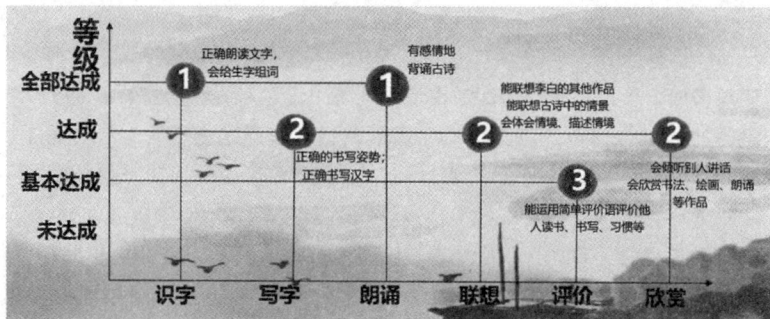

《狐狸分奶酪》教学设计

教学基本信息						
课题	狐狸分奶酪					
学科	语文	学段：低		年级		二年级
设计者	巩海凤					

指导思想与理论依据

　　语文课标指出，让学生"感受阅读的兴趣，在阅读浅近的童话、寓言时向往美好的情境，对感兴趣的人物和事件有自己的感受和想法，并乐于与人交流"。基于这一重点，本设计立足文本，让学生进入角色，在情境中朗读、体会、感悟，激发学生自主阅读的兴趣，培养学生的朗读、表达的能力。课标还指出"要运用多种识字教学方法和形象直观的教学手段，创设丰富多彩的教学情境，提高识字教学效率"。本设计中的识字教学正是将学生置身于生动的情境中，并结合生活实际理解字义。另外，本设计还落实了弘扬祖国传统文化的课标要求，将谚语、成语、寓言故事等恰当融入教学中，使学生感受到祖国传统文化的魅力。

教学背景分析

学习内容分析

　　《狐狸分奶酪》是部编教材二年级上册第八单元第二篇课文。本单元围绕"相处"主题还编排了《狐假虎威》《纸船和风筝》《风娃娃》，这四篇课文都是童话故事。《狐狸分奶酪》是匈牙利民间故事，内容通俗易懂，讲的是两只小熊捡到一块奶酪，狐狸趁他们拌嘴就帮他们分奶酪。在分的过程中狐狸有意将奶酪分得不匀，借机自己把奶酪吃光。这个故事告诉我们：同伴之间斤斤计较，就会让别有用心的人有可乘之机。本篇课文采用了对话的形式推进故事的发展。这也是本次教学中围绕对话让学生朗读和感悟的基础。全文共 11 个自然段，还承载着 12 个认读字和 8 个生字以及拓展积累词语的教学任务。

学生情况分析

　　学生是非常喜欢童话故事的，本课是继《狐假虎威》后又一个关于狐狸的生动有趣的故事。在学生的印象中狐狸是狡猾的，为本课对狐狸的理解奠定了基础。自主阅读，是本单元的教学重点。学生学习这篇课文时接近期末，已经初步具备了朗读能力和语言表达能力，部分学生能说出自己的感受，发表自己的意见。由于学生年龄小，很多还是独生子女，不懂得谦让，所以在本课理解公平的基础上，要引导学生互相谦让，不要斤斤计较。运用多种方法自主识字是本单元的又一个教学重点。在识字方面，学生已经掌握了一些识字方法，本课采用随文识字的方法安排了"嚷、咬、吵"三个字的学习，让学生在生动有趣的情境中感受识字的乐趣，学习识字的方法。

续表

教学准备	

教学准备

教师准备：搜集相关资料制作课件，制作狐狸和小熊的图片，生字卡片"嚷、吵、咬"，奶酪一块，磁力珠六个。

学生准备：课前读熟课文，准备生字本。

教学目标及重难点

教学目标

通过随文识字，学生会认读"俩、嚷、吵、咬"四个字，了解这四个字的意思；会正确书写"吵、咬"两个字。

通过走进角色，学生会分角色朗读课文，能读出自己的感受。

通过朗读课文，学生能对狐狸的说法做出判断，能初步表达自己的想法，能想象改编狐狸最后一次吃奶酪的情景，了解狐狸两次笑的心理，懂得同伴之间斤斤计较就会让别有用心的人有可乘之机。

教学重难点

教学重点：分角色朗读课文，能读出自己的感受，会正确书写"吵、咬"两个字。

教学难点：表达自己的想法，改编狐狸最后一次吃奶酪的情景，明白同伴之间斤斤计较就会让别有用心的人有可乘之机的道理。

教学过程与教学资源设计

一、复习旧知，导入新课

师：同学们，上节课我们初步学习了《狐狸分奶酪》，这节课我们继续学习。

（一）复习生词

出示课件：课文中带有生字的词语。

读一读

捡到　奶酪　瞧见

拌嘴　轮流　仔细

师：小小火车开起来，火车开到哪里去？

预设：火车开到这里来！

【设计意图：用开火车读词语的方法调动学生学习积极性，使低年级学生的注意力很快集中到学习中。】

出示课件：由生字拓展出来的词语。

读一读

起始　始终　帮忙

方便　轻便　整体

（二）用填空的形式说说课文的主要内容

出示课件：

课文讲

（　　）捡到（　　），（　　）来帮他们分（　　），最后（　　）却把（　　）吃光了。

师：口头填空，说说课文讲了一件什么事？

预设：学生可能比较啰唆，语言不够准确简练。

小结：总结主要内容尽量做到完整、简要、通顺。

【设计意图：明确总结课文的主要内容应该做到完整、简要、通顺，为今后总结课文主要内容奠定基础。】

二、朗读感悟，随文识字

师：小熊捡到的奶酪怎么会让来帮忙的狐狸全都吃光了呢？让我们赶快来学习这个有趣的故事吧！

（一）结合语境和生活实际学习"俩、吵"两个字

1. 学习"俩"字

出示课件：第一自然段。

熊哥哥和熊弟弟在路上捡到了一块奶酪，高兴极了。可是，他们不知道怎么分这块奶酪，小哥儿俩开始拌起嘴来。

（1）指名读

（2）随文学习"俩"字

教师强调课件中"俩"字：这个字怎么读？和学过的哪个字相似？

①对比识字。

出示课件：

liǎng

两（两棵树）

liǎ

俩（兄弟俩）

指名说说"两"和"俩"在读音、字形上的不同。

②结合课文和生活实际理解词语。

师：课文中的兄弟俩指的谁？如果你和姐姐在一起怎么说？你和爸爸在一起呢？……

预设：学生能够理解姐妹俩、父女俩、父子俩、母女俩……

【设计意图：用对比"俩"和"两"的方法，学习"俩"字，有利于学生区分字音记住字形。用结合生活实际拓展词语的方法理解"俩"字的意义，渗透"生活处处皆语文"的思想。】

2. 学习"吵"字

（1）表演 拌嘴

师："他们不知道怎么分这块奶酪，小哥儿俩开始拌起嘴来。"他们会怎样拌嘴？

找两个学生演一演两只小熊拌嘴的情景。

（2）引入"吵"字

师：你能用一个字来表示他们拌嘴的情景吗？（出示生字卡片"吵"）

【设计意图：由小熊拌嘴的情景引出"吵"，让学生结合生活实际理解了"吵"字的含义。】

（二）找出课文中的对话

1. 课件出示自学要求

默读2～11自然段，边读边用直线画出狐狸说的话，用曲线画出小熊说的话。

2. 学生边默读边画，教师巡视

3. 教师出示课件订正

红字是狐狸说的话，蓝字是小熊说的话，黑字是旁白。

"小家伙们，你们吵什么呀？"狐狸问道。

"我们有块奶酪，不知道该怎么分。"熊弟弟对狐狸说。

"这事好办，我来帮你分吧！"狐狸笑了笑，把奶酪拿过来掰成了两半。

"你分得不匀！"小哥儿俩嚷着，"那半块大一点儿。"

狐狸仔细瞧了瞧掰开的奶酪，"真的，这半块是大一点儿。你们别急，看我——"说着便在大的这块上咬了一口。

"可是现在没咬过的那半块又大了一点儿！"两只小熊又嚷了起来。

于是，狐狸在那半块上又咬了一口，结果第一个半块又大了点儿。狐狸就这样不停地咬着两半块奶酪。咬着咬着，奶酪全被他吃光了，一点也没剩下。

"你可真会分！"两只小熊生气了，"整块奶酪都被你吃光了！"

"小熊，我分得可公平啦！"狐狸笑着说，"你们谁也没多吃一口，谁也没少吃一口。"

（三）分角色朗读，体会狐狸第一次"笑"，渗透传统文化

出示课件：第2～6自然段。

这时，有只狐狸跑了过来。

"小家伙们，你们吵什么呀？"狐狸问道。

"我们有块奶酪，不知道该怎么分。"熊弟弟对狐狸说。

"这事好办，我来帮你分吧！"狐狸笑了笑，把奶酪拿过来掰成了两半。

"你分得不匀！"小哥儿俩嚷着，"那半块大一点儿。"

1. 师生分角色朗读

男生读小熊，女生读狐狸，教师读旁白。边读边思考：狐狸为什么这样分？指名回答。

2. 教师提问

师：你是从哪些语句看出他在没分奶酪之前就打好了如意算盘？

（1）学生默读，画出相关语句

（2）指名回答

预设：从两处可以看出来。第一处，从"跑"字可以看出来，是狐狸主动跑过来的；第二处，从"笑了笑"可以看出来。（如果学生找不到，教师要适当引导）

教师根据学生的回答，进行指导：

①从"跑"字可以看出来，是狐狸主动跑过来的。

教师指导朗读：这时，有只狐狸跑了过来。（"跑"字重音）

小结：中国有句俗话，叫作"无利不起早"。

【设计意图：进一步凸显狐狸狡猾的本性，同时渗透中国传统文化，积累谚语。】

②引导学生体会狐狸"笑了笑"的心理。

师：你觉得这时狐狸心里在想什么？

预设：学生能够说出狐狸的想法：怎样才能吃到奶酪呢？我要分得一半大一半小，好自己吃。

师：你觉得他的笑是一种什么样的笑？

预设：学生可能会说出坏笑、微笑、悄悄地笑……

如果学生回答不上来，这时教师要结合生活实际处理这个问题。

师：你在生活中见过哪些笑呢？（哈哈大笑、开心地笑）你觉得这些笑放在这里合适吗？把你说的这种笑放在课文里读一读。

【设计意图：让学生感受到狐狸的笑是悄悄地，不易察觉地，怕小熊看出来他心里的坏主意。】

小结：狐狸心里有坏主意，但又不能让小熊看出来，所以他的笑只能是微微地一笑。咱们中国有个成语叫笑里藏刀，狐狸的这个笑就叫作"笑里藏着鬼主意"。看来，在生活中并不是所有人的笑都是善意的，如果你独自外出，有陌生人主动接近你并朝你笑，你可要警惕呀！

【设计意图：渗透祖国传统文化，积累成语，活用成语，让学生感受到祖国传统文化的魅力。同时，进行安全教育。】

（3）同桌分角色朗读2～6自然段，旁白不用读

（四）进入角色，读出感受

1. 表演分奶酪，引出"嚷"

教师指名演狐狸，到讲台前表演狐狸分奶酪。其他学生演小熊，读小熊的话。教师也融入表演。

师：小熊们，看！狐狸把奶酪分得一半大一半小，这下可把你们急坏了，谁愿意吃小的呀！急得你们直——嚷。（出示生字卡片"嚷"）

2. 读出"嚷"

出示课件：

"你分得不匀！"小哥儿俩嚷着，"那半块大一点儿。"

师：小熊们，你们怎么嚷？

预设：两只小熊可以同时嚷，也可以一前一后地嚷，嚷的声音一定要大。

小结：大声地说话就是"嚷"。

【设计意图：进入角色朗读，最大限度地激发学生朗读积极性，同时更好地理解"嚷"的含义。】

3. 表演狐狸，引出"咬"字

师：面对急得大声嚷叫的小熊，狐狸又是怎样做的呢？自己赶快加上动作读一读吧。

出示课件：第七自然段。

狐狸仔细瞧了瞧掰开的奶酪，说："真的，这半块是大一点儿。你们别急，看我的——"说着便在大的这块上咬了一口。

自己加动作读。

指名表演狐狸，集体读旁白。

教师出示生字卡片"咬"，做"咬"的动作。

4. 再次表演"嚷"

出示课件：第八自然段。

"可是现在没咬过的那半块又大了一点儿！"两只小熊又嚷了起来。

师：这一次，小熊又嚷了起来！（指两名学生演小熊）

5. 发挥想象，丰富情节

出示课件：第九自然段。

于是，狐狸在那半块上又咬了一口，结果第一个半块又大了点儿。狐狸就这样不停地咬着两半块奶酪。咬着咬着，奶酪全被他吃光了，一点儿也没剩下。

（1）集体朗读第九自然段，加上动作读出语气。

（2）教师总结并提出问题：就这样，狐狸每分一回就咬一口，直到奶酪小的没法再分了。我们大家来想象一下，他是怎样把最后一丁点奶酪吃掉的。他当时是怎样说，又是怎样做的呢？

出示课件：

狐狸咬到只剩下最后一丁点儿奶酪，说："＿＿＿＿＿＿"说着，便 ＿＿＿＿＿＿。

（1）分小组讨论

（2）指名回答

预设：学生的语言可能不规范，不简洁。不要求答案相同，只要是学生自己的想象就要提出表扬，但学生的想象与课文情境不一致时，教师要给予指导。

【设计意图：在具体的语言情境中进一步感受狐狸的心理，培养学生的想象力和语言表达能力。】

6.读出生气

出示课件：第10自然段。

"你可真会分！"两只小熊生气了，"整块奶酪都被你吃光了！"

师：小熊们，看到狐狸这样不知羞耻，你生气吗？你怎样用朗读表达你的气愤？

教师读旁白，学生集体读小熊的话。

（五）在角色中体会狐狸第二次"笑"

师：面对如此生气的小熊，狡猾的狐狸又是怎样说的呢？

出示课件：第十一自然段。

"小熊，我分得可公平啦！"狐狸笑着说，"你们谁也没多吃一口，谁也没少吃一口。"

1.师生合作分角色朗读

一名学生读狐狸的话，教师读旁白。

2.体会狐狸"笑着说"的心理

师：这是怎样的笑？和第一次分奶酪时的笑一样吗？此时此刻狐狸心里又在想什么？指名回答。

预设：学生能够说出这次是得意地笑，不再是偷偷地笑。

【设计意图：对比狐狸两次笑，体会狐狸得意的心理。】

3.发挥想象，进行表演朗读

师：你能读出狐狸得意的口气，做出他得意的样子吗？加上动作演一演这只得意的狐狸。

学生边读边演。

师：听了狐狸的话，你们这些小熊被气成什么样了？用语言、动作、表情表达出来。

学生自行表演。

（六）总结提升，提炼寓意

师：这狡猾的狐狸吃了整块奶酪，居然还有脸说"公平"，你们同意他的说法吗？

如果你是小熊，你会让这只狐狸有可乘之机吗？（板书：可乘之机）

是小熊的什么做法给了狐狸可乘之机呢？

预设：学生可能说不出斤斤计较。

师：两只小熊怕奶酪分不均，谁都怕自己少吃一口，怕别人多吃一口。我们用一个词来形容两只小熊的做法，这就是"斤斤计较"。（板书：斤斤计较）

小结：孩子们，正因为小熊的斤斤计较，给狐狸造成了可乘之机，使得狐狸吃掉了整块奶酪。通过这个故事让我们看懂了做人不能像两只小熊那样总和自己的同伴斤斤计较，这样才不会让那些别有用心（教师指狐狸图片）的人有可乘之机。

（教师边说边在黑板上画圆，将黑板上的一个磁力珠作为鼻子，再顺手画上一张嘴巴，狐狸和小熊的图片正好是人脸的眼睛，"可乘之机"和"斤斤计较"正好是小熊的耳朵，这样刚好构成一张人脸。）

【设计意图：人脸与动物图片结合的板书能够吸引学生的注意力，激发学生学习兴趣，通过狐狸和小熊的故事，告诫人们同伴之间不能斤斤计较。】

（七）结合生活实际，进行礼让教育

1. 组织学生讨论：如果你是小熊，你会怎样面对这块捡到的奶酪？

预设：自己分，公平地分；自己分，不斤斤计较，互相礼让；还给失主。

如果学生不能想到相互礼让，随机引导学生：如果你和妹妹吃东西，你会让着她吗？

如果学生不能说出还给失主，做拾金不昧的小熊，就由教师说出。

【设计意图：进一步理解，如果不斤斤计较，该怎样和亲人、同伴相处。落实本单元的如何相处的重点。同时给孩子树立正确的情感态度价值观，相互礼让、拾金不昧是我们中华民族的优良传统，使学生在不知不觉中受到思想教育。】

（八）回归整体，分角色朗读表演全文。

三、拓展延伸

师：刚才我们学习的这篇课文是匈牙利的民间故事，我们中国有一个寓言故事，叫《鹬蚌相争》。

出示课件：《鹬蚌相争》。

鹬蚌相争

一只蚌正张开两壳晒太阳，鹬鸟飞过来，伸出长长的嘴巴来啄食它的肉。蚌一下子合住双壳，把鹬鸟的嘴紧紧地夹住了。

鹬鸟对蚌说："今天不下雨，明天不下雨，就会把你干死！"

蚌对鹬鸟说："今天不放你，明天不放你，就会把你饿死！"

它们两个各不相让，谁也不肯放谁。这时，一个打鱼的老人走过来，一下子把它们都捉走了。

1. 自由读短文。

2. 教师范读短文。

学生思考：读了这个故事你明白了什么道理？

教师指名回答。

3. 教师总结寓意

出示课件：

如果双方相持不下，就会让第三方得利。

鹬蚌相争　　渔翁得利

【设计意图：让学生体会到，我们祖国的文化源远流长，外国有的寓言故事，我们国家也有。在渗透祖国传统文化的同时，增强国家自豪感。】

四、指导书写

（一）对口字旁的字进行归类

师：这几个字有什么共同特点？你还知道哪些字是口字旁？

出示课件：口字旁的字。

口字旁的字

吃 喝 叫 吹 喊 啼 吐

师：你发现这些口字旁的字与什么有关吗？

【设计意图：同一字族的字归类识记，让学生把新旧知识联系起来，渗透归类学习生字的思想。】

（二）指导书写"吵、咬"两个字

指名说说写字时应该注意什么？

教师范写。

学生在田字格中写字。教师提醒写字的姿势。

学生作品展示。

展示一个写字好的，对他提出更高的要求。展示一个写字不好的，对他加以鼓励。其他学生要给展示的学生提出一个能够达到的建议。

【设计意图：在树立榜样的同时，给不同层次的学生提出能够达到的要求，这样能让每个学生在原有基础上有所进步。】

五、作业

你听说过"螳螂捕蝉，黄雀在后"和"孔融让梨"的故事吗？找一找这两个故事读一读，同学之间互相讲一讲。

【设计意图：进一步了解祖国传统文化，渗透中华传统美德。】

板书设计：

22 狐狸分奶酪

（副板书："吵、咬、嚷"的生字卡片）

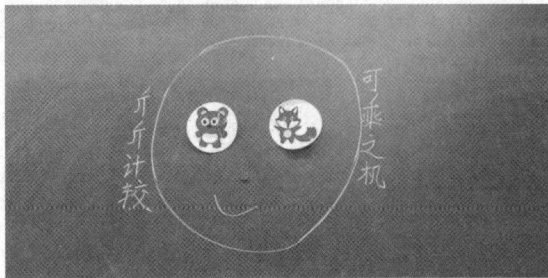

教学特点（教学反思）

一、进入角色，自主阅读

自主阅读是本单元的教学重点之一，更是本课的教学重点。让学生进入角色，在情境中阅读，读出自己的感受正是落实了这一教学重点。在教学中我采用分角色朗读，加上动作进行表演，改编丰富故事情节，用自己的语言、动作、表情表现文中人物的心情等多种方法，始终让学生沉浸在故事情境中，既激发了学生的阅读兴趣，又把学生内心的感受最大限度地激发出来。

二、运用多种方法在情境中识字，注重识字方法的引导

本课采用了低年级常用的随文识字的方法，在学习"俩"时，将"俩"和"两"进行对比，强化带有单人旁的字和人有关，并结合生活实际理解了"兄弟俩、姐妹俩、父女俩"等系列词语。积累词语的同时，使学生感受到生活和语文密不可分。在学习"吵"字时，我从小熊拌嘴入手，先让学生演拌嘴，再引出"吵"，在课文情境中理解字义。在学习"嚷"字时，通过朗读理解了"嚷"的字义。整个识字过程都处于生动有趣的情境之中。最后，指导书写时，注重同一字族归类识记，让学生把新旧知识联系起来，渗透归类学习生字的思想。

三、渗透中国传统文化，弘扬民族精神

在教学过程中，将祖国传统文化中的谚语"无利不起早"用在狐狸的身上，凸显了狐狸的狡猾；将成语"笑里藏刀"活用为"笑里藏着鬼主意"，展现了祖国成语的魅力；在选择拓展阅读时，选择了与本篇课文寓意相近的《鹬蚌相争》，就是为了凸显匈牙利有民间故事，我们伟大的祖国有更为著名的寓言故事，还有课后作业安排的《螳螂捕蝉黄雀在后》和《孔融让梨》都是在向学生渗透祖国博大精深的传统文化。选择《孔融让梨》作为课后作业，渗透学生亲人之间怎样相处，弘扬了我国人与人之间互相礼让的优良传统。

续表

四、板书设计新颖，体现做人的道理，渗透情感态度价值观

板书的设计是本节课的一个亮点。在提炼寓意时，我边说边在黑板上画了一个圆，将黑板上的一个磁力珠作为鼻子，再顺手画上一张嘴巴，狐狸和小熊的图片正好是人脸的眼睛，"可乘之机"和"斤斤计较"正好是小熊的耳朵，这样刚好构成一张人脸。这种独特的设计在吸引学生的同时恰到好处了展现了"通过狐狸和小熊的故事，告诫人们同伴之间不能斤斤计较"。另外，板书的更深一层含义能够引发思考人与人之间到底如何相处。

《狮子和鹿》教学设计

教学基本信息			
课题	狮子和鹿		
学科	语文	学段：低	年级	三年级
设计者	肖启荣		

指导思想与理论依据
《义务教育语文课程标准（2011年版）》指出："阅读教学应引导学生钻研文本，在主动积极的思维和情感活动中，加深理解和体验，有所感悟和思考，受到情感熏陶，获得思想启迪，享受审美乐趣。"本设计立足寓言文体特点，聚焦本单元"语文要素—读语言故事，明白其中道理"，抓住故事角色的心情变化，发展学生的朗读能力、讲述故事的能力、做出评价等能力；基于原有认知，通过能力训练，助力学生理解寓意，感悟寓言特点。

教学背景分析
学习内容分析 　　《狮子和鹿》一课选自统编教材第六册第二单元。本单元为寓言单元，主要由四篇课文组成，分别为中国古代寓言《守株待兔》、白话文版本的《陶罐和铁罐》、改编自古希腊著名寓言故事集《伊索寓言》的《狮子和鹿》、现代诗歌形式的《池子与河流》。古今中外，形式多样。每个故事短小精悍，富有深刻含义。通过故事，告诉孩子们该正视自己与他人。

《狮子和鹿》选自古希腊寓言《伊索寓言》（有改动）。故事用拟人的手法讲述了一只鹿在池边，面对自己的倒影，一边欣赏他那美丽的角，一边抱怨他那纤细的腿，不知不觉中一只狮子出现了，他那丑陋的腿帮它把狮子远远地甩在了后面，他那漂亮的鹿角却被树枝挂住，差点送了他的命。借此寓示"不能光图外表美丽，还要讲究实用"以及"尺有所短，寸有所长"等道理。

《狮子和鹿》的故事按照事情发展的顺序展开，跌宕起伏的情节和对鹿的生动语言描写增强了故事的感染力和吸引力，除此之外，狮口逃生的情节更是险象环生，一波三折，异常紧张。同时这也是小鹿转变想法的关键性事件。

此外，本课语言生动、故事情节曲折、叙事性较强，结合文本特点以及课后习题，基于学生原有认知，可以着重培养学生朗读、讲述故事以及思辨的能力，使学生思维水平得到提升。

学生情况分析

了解主要内容方面：三年级的学生处在由具体形象思维向抽象思维过渡阶段，喜欢阅读情节性较强的故事。初读课文后，可以大致了解课文的内容，但要用自己的语言讲述出来，还稍有难度。因此，可以借助不同地点的不同心情梳理出小鹿心情曲线图，帮助学生整体把握故事，有条理地讲述。

理解寓意方面："读寓言故事，明白其中的道理"是本单元语文学习的核心要素。对于寓意的领悟，学生很难由文本进行拓展，继而联系生活，形成全面、深入地认识。可以通过多种方式给学生搭建思维支架，助力学生理解寓意。

教学准备

教师准备、学生准备。

教学目标及重难点

教学目标

有感情地朗读课文，能读出小鹿的心情变化。

能根据词语提示，想象具体情境，用自己的话讲述《狮子和鹿》的故事，努力讲得具体、生动。

明白故事说明的"不要关注外表，更要注重它的实用价值"等道理，并能够迁移运用读懂寓言的方法，在猜读游戏中锻炼读懂寓言的能力，同时产生课下阅读《伊索寓言》的强烈愿望。

教学重难点：

教学重点：了解寓言故事的文体特点，迁移运用读懂寓言的方法，明白"不要只在乎外表，更要关注它的实用价值"以及"尺有所短，寸有所长"的道理。

教学难点：能够基于文本以及背景知识理解寓意。

续表

教学过程与教学资源设计

一、复习词语，整体回顾故事内容

（一）词语复现

师：今天我们继续学习《狮子和鹿》这篇课文。（齐读课题）上节课我们一起学习了词语，初读了课文。这些词语朋友你还记得吗？

出示课件：

池塘　倒映　精美别致　无精打采

着急　匀称　撒开　　挣脱

咦　啊　哎　　唉

第一组（重点词语）：读对了跟着一起读。

第二组（易错读音）：指名读词语——这些字都是多音字，在朗读时我们要特别注意它们的读音呢！

第三组（感叹词）：指名读——感叹词可以帮助我们更好地表达出当时的心情。

（二）回顾故事内容

师：看着词语，你还记得课文讲了一件什么事了吗？谁愿意为大家说一说。

（三）回顾小鹿心情

师：不仅如此，上节课，我们还根据课文内容梳理出了小鹿在整个故事当中的心情曲线，谁愿意再来读一读课文，读出小鹿在不同地点的不同心情。其他同学注意听，有没有让你感受到小鹿心情的变化。

指名分部分朗读。

【设计意图：字词教学的任务应该贯穿于整个小学阶段。此处，通过词语复现，帮助学生夯实基础。分部分朗读课文，既是对课文整体脉络的一个回顾，也是为深入了解小鹿的心情、发展学生的朗读能力奠定基础。】

二、聚焦关键事件，读出心情变化

（一）聚焦关键事件品变化，读出一波三折

1. 聚焦关键事件，梳理心情变化

师：在这个故事中，你们觉得最惊险、最紧张的部分在哪儿？想不想把这部分也读好？

自由读——感知小鹿心情是否有变化。

小鹿的心情是曲折的：在这个部分小鹿的心情是否可以用一条直线来表示呢？

共同梳理出这部分的情节曲线图：突遇险境—轻松脱险—再遇险境—侥幸脱险。

摆一摆，绘制心情曲线图。

师生合作朗读5～6自然段。

（二）心情前后比较作关联，读出内蕴情感

师：同学们，小鹿这次死里逃生的经历真是太惊险了，小鹿对他的角和腿的态度是否发生了变化呢？

出示课件：

之前：

①他不着急离开了，对着池水欣赏自己的美丽："啊！我的身段多么匀称，我的角多么精美别致，好像两束美丽的珊瑚！"

②鹿忽然看到了自己的腿，不禁噘起了嘴，皱起了眉头："唉，这四条腿太细了，怎么配得上这两只美丽的角呢！"

之后：

③他叹了口气，说："两只美丽的角差点儿送了我的命，可四条难看的腿却让我狮口逃生！"

前两句主要采取"表演读—评读"的方式，发现鹿对角和腿的态度分别是"欣赏"和"抱怨"。

第③句，引导学生创造性朗读：他叹了口气——你就是这头有了经历的鹿，你先叹口气，然后把你心中想说的话说出来。（教师顺势点明角和腿在这次事故中所起的作用是不一样的，分别可以用一个字概括——"挂"和"甩"。）

回归整体：读出心情变化。

（三）借助板书，讲故事

师：我们借助心情曲线图了解了狮口逃生情节中小鹿的心情变化，又从小鹿对脚和腿的不同态度中也读出了他的心情变化，那你们能看着板书来讲讲这个故事吗？

自己练一练。

指名讲故事。

狮子和鹿

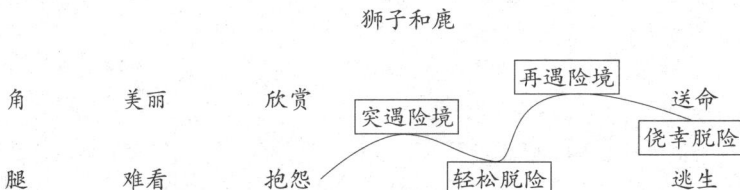

```
角    美丽    欣赏     ┌──────┐   ┌──────┐
                    │突遇险境│   │再遇险境│   送命
                    └──────┘   └──────┘
                                      ┌──────┐
                                      │侥幸脱险│
腿    难看    抱怨            ┌──────┐
                          │轻松脱险│      逃生
                          └──────┘
```

评价标准：优秀——故事讲得完整、清楚；超级优秀——能用自己的话把故事讲得具体、生动，尤其体现出鹿的心情变化。

【设计意图：通过绘制心情曲线图，帮助学生建立狮口逃生这部分的整体意识，使读出小鹿的心情变化有了一个可视化的支架，能更好地帮助学生发展朗读能力。除此之外，心情图与板书又构建成了整篇故事的整体结构，可以帮助学生更好地讲好故事。】

续表

三、交流体会，感悟故事寓意

（一）基于文本，自由表达

师：孩子们，我们知道寓言就是通过讲故事，告诉我们一个道理的。那你们猜，作者到底想通过《狮子和鹿》告诉我们一个什么道理呢？

教师出示《伊索寓言》原文《泉边的狮子与鹿》，遮挡结尾。

学生猜写。

预设：不能只看外表；不能只看外表也要看它的实用性；美丽的东西不一定是好的，坏的东西也许会帮助你……

揭示道理：想不想看看作者是怎么写的？

这故事是说，美丽的东西不一定有用，甚至还会坏事，不美的东西却在关键时刻很实用。

相机点拨：寓意与故事内容紧密相关，所以要准确、全面地领悟故事说明的道理，还要仔细地阅读故事，并且认真思考。

（二）拓展文本，提升认识

出示课件：课后 3 题。

美丽的鹿角无关紧要，实用的鹿腿才是重要的。

鹿角和鹿腿都很重要，它们各有各的长处。

1. 各抒己见

两种观点，你更同意哪种观点呢？说清理由。

预设：大部分学生基于文本同意第一种观点，评价时注意学生的观点是否有依据。

2. 提升认识

读了这段资料，谁再来谈谈自己的看法。

出示课件：

鹿角可以作为抵御敌人的武器。鹿茸还是一味中药呢，具有消肿止痛，强筋健骨的作用呢！

指名谈观点：看了这个小资料，我们再来谈谈自己的观点。

3. 点拨提升

看来我们判断一件事物的对与错都是在特定情况下的！我们知识背景不同，看待事物看法也会不同，所以不要急于轻易否定或者肯定某种事物。

【设计意图：通过故事理解寓意是寓言教学的重点，也是学生理解的难点。此处，通过基于文本谈看法、拓展资料提升认识、联系生活的方式，给学生搭建思维支架，不断完善学生的认知，提升学生寓意的理解能力。此外，让学生说清理由，锻炼了学生用资料以及课外资料说明观点的能力，做出正确评价。】

四、联系生活，体会寓言特点

就这篇课文来说，我们看到了美丽的鹿角无关紧要，实用的鹿腿才是最重要的。就这个故事创作者来说，是想说美丽的东西不一定有用，甚至还会坏事，不美的东西却在关键时刻有实用。作者就是想通过这个故事，告诉别人这个道理。你们猜一猜，作者想把这个故事讲给谁听呢？

自由说一说。

【设计意图：通过说一说作者是想把这个故事讲给谁听，设置故事的对象，帮助学生体会寓言是生活的一面镜子，体会寓言在生活中的作用——基于生活，服务生活。】

五、猜读互动，走进经典

（一）介绍《伊索寓言》

同学们，狮子和鹿这篇课文就选自《伊索寓言》。

出示课件：

《伊索寓言》的故事主人公大多是动物，以动物为喻，告诉人们为人和处事的道理。故事短小精悍，寓意深刻，通常在结尾，以一句画龙点睛的话揭示蕴含的道理。

（二）猜读游戏，走进经典

游戏一：读故事，猜寓意。

（1）自己读一读《蚂蚁和鸽子》的故事。

（2）猜寓意：作者想通过这个故事，告诉我们什么道理呢？

（3）激起阅读期待：要想知道到底写了什么去《伊索寓言》中找寻答案吧！

游戏二：读寓意，猜故事

（1）出示：《狮子和蚊子》的寓意以及主要角色，猜一猜，作者会用怎样的故事来表明这个道理呢？（指名说）

（2）激起阅读期待：回去看一看《伊索寓言》，看看是不是像大家猜的那样。

【设计意图：通过两个猜读活动，加深对寓言文体的认识，明确寓意是和故事内容紧密联系在一起的。其次帮助学生了解《伊索寓言》这本书的特点，激起阅读期待，形成阅读整本书的强烈欲望。】

板书设计：

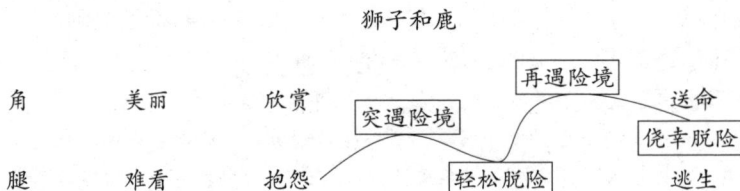

【学习效果评价】			
评价内容	评价方式	评价量规	
		☆☆☆	☆☆
能有感情地朗读狮口逃生以及小鹿心情起伏的句段。	集体评价	进入情境，能够读出小鹿心情的高低起伏。	能够读得正确、流利。读中注意心情起伏。
讲故事：能根据板书讲一讲《狮子和鹿》的故事。	集体评价	能把故事讲得不仅具体生动，还能用上自己的语言，突出小鹿的心情变化。	故事讲得比较完整、清楚。
	集体评价	能够根据文本以及课外知识说出自己的认识。	能够联系文本说出自己的认识。

教学特点（教学反思）

一、聚焦变化，以读为主，帮助学生整体把握文章

《狮子和鹿》这个故事按照事情的发展顺序展开，教师讲授时很容易走进逐段讲解，割裂课文整体的怪圈之中。本设计摒弃了以往传统的讲授方式，聚焦心情转变、态度的转变，采用多种形式朗读，发展学生朗读能力，帮助学生整体把握文章主要内容，形成整体认识。

二、基于文体特点，搭建思维支架，逐步落实本单元语文要素

"读寓言故事，明白其中的道理"是本单元语文学习的核心要素。对于读懂故事的内容，采用了心情曲线图的方式，帮助学生建立起整体意识，感受心情变化。对于寓意的领悟，学生的思维容易基于故事内容本身形成片面认识，很难达到联系生活的高阶思维。因此，本课设计了自由思考与表达、拓展资料提升认识及联系生活讲故事几个环节，给学生搭建思维支架，逐渐加深学生对寓意的理解，助力学生高阶思维形成。

三、开展互动游戏，加深认识，激起学生阅读期待

语文教学应鼓励学生多读书，读好书。本课结尾处以学生喜爱的游戏形式开展"读故事、猜寓意""读寓意、猜故事"的活动，加深学生对寓言文体特点的认识的同时，激发起学生的阅读期待，将阅读由课内引向课外、由单篇引向整本书、引向经典。

《父爱之舟》教学设计

教学基本信息				
课题	父爱之舟			
学科	语文	学段：高	年级	五年级
设计者	吴瑞			

指导思想与理论依据

　　《义务教育语文课程标准（2011 版）》明确提出："阅读是学生的个性化行为，阅读教学应引导学生在主动积极的思维和情感活动中，加深理解和体验，有所感悟和思考，受到情感熏陶，获得思想启迪，享受审美乐趣，要珍视学生的独特感受、体验和理解。"对于学生来说，他们是活动的主体，是学习的主人，作为教师，我们应该尊重学生的认知规律与亲身经历，在学生原有认知基础上进行启发、引导。

　　文本特点是作者写作时艺术心思的凝结。其不仅体现在表达手法、结构、行文方式、语言风格等这些外在方面，也体现在思想感情等内涵方面。文本特点分析清楚了，用教材教才更有针对性。作为一名语文教师，在教学之前，应该对本文进行充分解读，了解特点，才能更好地服务于学生。

教学背景分析

学习内容分析

　　五年级上册第六单元的语文要素是"注意体会场景和细节描写中蕴含的感情"。就《父爱之舟》一课而言，如果说"父爱"是《父爱之舟》一课的内核，那么一个个鲜活的场景便让这"父爱"丰富而立体地呈现在学生眼前，显得有声有色。

　　《父爱之舟》是一篇回忆性散文，语言表达平白如话。这篇文章首尾圆合，虽然文中出现了很多场景，但是作者吴冠中先生巧妙地用梦境引发回忆的方法连段成篇，使文章的整体性很强。通过一个个场景描绘出了一位辛劳的父亲和父亲对于儿子无私的爱，字里行间蕴含着父子之间的温情。众多场景中，作者尤其着重描写了"置身庙会""凑钱上学""送我入学"这三个场景。《父爱之舟》一课场景描写多，字里行间流露着父亲对儿子深沉的爱。是落实单元语文要素——抓住场景和细节体会文章蕴含的情感很好的学习范本。

学生情况分析

　　叶圣陶说："书是读懂的，而不是教师讲懂的。"在阅读教学时，学生需要有充分的阅读时间，个性化的阅读理解和体验。就五年级学生而言，他们已经有了一定生活经验和阅读基础，因此，在本节课的每个板块教学中，我都设计了"自读自悟"的活动，在学生有了自己的独特体悟后再进行启发。

　　《父爱之舟》一课所描写的有些场景、境遇、经历等离学生生活较为遥远，学生很难产生切身的体会。为了鼓励学生有独到的见解，珍视自己的独特感受，提出自己的看法。就让学生学习自己最感兴趣的场景，这样一来就难免有很多场景在课堂上无法呈现出来。

教学准备

教师准备：搜集吴冠中先生的有关资料。

学生准备：完成预习任务，查阅相关资料。

教学目标及重难点

教学目标

能结合具体场景和细节的描写体会其中蕴含的父爱。

能置身场景中边读边想象，读出画面，读出感情。

教学重难点

教学重点：能通过场景和细节描写体会其中蕴含的父爱。

教学难点：理解文中含义深刻的词语及课题为什么以"父爱之舟"为题。

教学过程与教学资源设计

一、回顾场景，导入新课

一睁眼，一把月光已洒满了屋子，师读：

是昨夜梦中的经历吧，我刚刚梦醒！

……醒来，枕边一片湿。

上一节课同学们和老师一起梳理了"我"的梦中经历，你们还记得有哪些场景吗？

预设：

添桑喂蚕	花钱住店
小渔船	夜行赶考
置身庙会	缝补棉被

二、浏览文章，感受父爱

　　吴冠中先生由梦境引发回忆的方法构篇，在一幕幕场景中描绘着父亲深沉的爱，请同学们浏览课文，圈画出那些你能体会到父爱的地方并试着用简练的语言概括出来。

　　预设：学生通过读文思考、互相补充从给"我"买枇杷吃、动心换房、买热豆腐脑、做万花筒、背我上学、凑钱缴学费、摇船送我求学、为我缝补棉被等处感受到父爱。

　　请一名学生回答，尽量找准、找全，其他同学补充。

三、聚焦场景抓细节，体会父爱

在这些场景中，哪些给你留下了深刻印象，我们来细读品味。

自学建议：选择两三处给你留下深刻印象的场景，边读边想象，把你感触最深的语句圈画出来，并做简单批注；可以将自己想象成小冠中，写体会；读一读相关语句，读出自己的理解和感受。学生自学。交流体会。

学生印象深刻的场景可能是两年一度的庙会、小渔船上的情境、背我上学、送我入学等。以下环节，根据学情顺学而导。

预设：置身庙会中的场景。

（一）共同交流，感受父爱

自由交流时，学生可以从吃热豆腐脑、给我做万花筒等相关语句体会到父亲非常心疼我，理解我。

教师补充社会背景资料，学生体会物质贫瘠和"我"的眼界局限。引导学生体会，父亲能带"我"来两年一度的庙会，已经让"我"体会到深深的父爱。

（二）采访活动，感受父爱

如果你就是小冠中，爸爸带你来参加庙会，你是什么感受？

预设：学生可能谈到非常高兴、开心、难忘，觉得大开眼界，特别感谢爸爸等。

逛庙会的经历中让你最难忘的是什么？

（三）读出理解，体会父爱

小冠中们，你们能把自己的感受用朗读表现出来吗？读出印象最深、感受最深的场景或者细节。

我和父亲都饿了，我多馋啊！但不敢，也不忍心叫父亲买。父亲从家里带了粽子，找个偏僻的地方父子俩坐下吃凉粽子。吃完粽子，父亲觉得我太委屈了，领我到小摊上吃了碗热豆腐脑，我叫他也吃，他就是不吃。

随机访问朗读者：你最想通过你的朗读表达什么？

随机访问听众：你从他的朗读中听出了什么？

（二）凑钱上学的场景

1.师生交流自学成果

学生可以结合"愿意把钱都花在我身上""替我铺好床"等句子体会到父爱。

2.补充家庭环境材料，进一步感悟

出示课件：

吴冠中在自述里说："我是家中长子。成群的兄弟姐妹日渐长大，生活越来越困难"。

如他所说，"童年认知的苦是穷"。吴冠中1919年出生于江苏宜兴县，这是一个典型的江南水乡，人们主要依靠种稻、养蚕、捕鱼生活。

结合课文和补充的材料，说说自己的感受。

预设：家境困难，我拿着凑来的钱缴学费；父亲节省到极点，自己一分冤枉钱也不肯花，却用全部的钱让我上学。

3.结合不懂的问题，体会新滋味

这是我第一次真正心酸的哭，与在家里撒娇的哭、发脾气的哭、打架的哭都大不一样，是人生道路中品尝到的新滋味了。

采访学生：小冠中，父亲给你铺好床回家后，你怎么偷偷哭了呢？你说你是"第一次真正心酸的哭"是怎么回事？现在你能解答我们上节课留下的问题了吗？"人生道路中品尝到的新滋味"指的是什么？

预计:学生可以通过对话交流想象出当时的情境，看着父亲铺床，想到家境的贫寒，生活的艰难，自己一下子长大了……

这是我人生道路品尝到的新滋味，也是我逐渐成熟的标志。

带着这样的情感，再来读一读这句话。

（三）低头缝补的场景

1.结合课文内容和想象的画面谈感受

预设：学生可以从父亲白天摇橹，晚上给我低头缝补棉被体会到父亲非常艰辛，对我关怀备至。

①在弯弯曲曲的小河上，父亲和姑爹轮换摇橹。路途遥远非常疲惫。

②父亲不仅摇橹还要给我缝补棉被，异常辛苦。

③结合弯腰低头进行感受。

2.结合关键语句展开联想

我从舱里往外看，父亲那弯腰低头缝补的背影挡住了我的视线。但这个船舱里的背影也就分外明显，永难磨灭了！

如果你来采访，会问小冠中什么问题？你是小冠中又会怎么回答呢？同桌试一试？

小冠中，你从仓里往外看，看到父亲怎样的背影？

看着父亲的背影让你想到了什么呢？（相机出示前文情境图）

为什么仓里的背影分外明显，永难磨灭了呢？（可以结合原文，朱自清《背影》）

3.引导学生带着体会和画面，再读这段话

其余场景如果学生谈到抓住细节体会父爱，相机指导。

四、问题引领，开放讨论

出示课件：文章结尾。

不仅是背影时时在我眼前显现，鲁迅笔底的乌篷船对我也永远是那么亲切，虽然姑爹小船上盖的只是破旧的篷，远比不上绍兴的乌篷船精致，但姑爹的小渔船仍然是那么亲切，那么难忘……我什么时候能够用自己手中的笔，把那只载着父爱的小船画出来就好了！

小组讨论：你们觉得作者能画出这只小船来吗？为什么？

预设：能，文章中出现了多处描写小舟的场景，引导学生描述画出的场景，注意体会其中蕴含的情感；不能，小舟不仅是姑爹那只小渔船，是父亲在风雨中背我上学，是父亲想尽办法凑钱让我上学，使我抵达理想的彼岸。

出示背景资料：你们知道吗？作者一生都酷爱画船。

突破难点：作者为什么以"父爱之舟"为题，这个问题能回答了吗？

希望学生达到："父爱之舟"是全文的线索，父亲总是以此舟送我读书、考学，小舟在文中反复出现，串联起全文内容。既写体现了父爱的伟大，也见证了我的成长。

五、拓展材料，升华情感

导：全篇文章一千五百余字，却不见一处对父亲的语言描写。冰心老人说父亲的爱如果说出来，那就不叫父爱了。但是想听听父亲内心的声音吗？

配乐师朗诵：《孩子啊，我是多么爱你》

小冠中们，昨夜梦中的经历让你枕边一片湿？你有什么话想对父亲说吗？

六、布置作业，延伸实践

父亲的爱默默无声却意味深长，学习了这篇课文，请你想一想生活中关于父亲的哪些场景或者细节让你感动？把它记录在卡片上，回到家默默地贴在父亲可以看见的地方。

板书设计：

父爱之舟

（场景）	（细节）
置身庙会	——————
凑钱上学	——————
送我入学	——————
	（学生板书生成）

续表

教学特点（教学反思）

这篇文章首尾照应，所以我在上课伊始，就用文章的开头和结尾"是昨夜梦中的经历吧，我刚刚梦醒！醒来，枕边一片湿……"用这两句文中的语句来开课。一上课就将学生带入作者从梦中惊醒，回忆起和父亲在一起的点点滴滴而泪流满面的场景。让孩子们先入境再入情。

接着引导学生回顾文章梦中的场景，找到"半夜喂蚕""小渔船""置身庙会"这三个文中有明显提示语句的梦中的场景。再找出和小渔船相关的三个场景。（PPT演示）然后通过浏览的形式圈画出文中那些能体会到父爱的地方。在此基础上，选择自己印象最深的两三个场景展开学习。

我引导学生从题目《父爱之舟》入手，找出文中能体会到父爱的地方。想让学生先从内容上整体把握文章的情感。这篇文章还有一个很明显的特点，就是在一幕一幕的场景中诉说着深切的父爱。我让学生选择自己印象深刻的场景进行深入学习。通过圈画关键语句、简单批注等方法去深入品读课文。学生抓住自己感兴趣的部分联系生活实际和上下文的内容来品读。而我则是抓住课文着重描写的"置身庙会""凑钱上学"和"送我入学"这三个场景引导学生重点交流，其余的场景则是依据学情简要处理。学生前后联系、上下贯通，然后再回到文本体会感情。

自读自悟活动，很好地体现了现在所提倡的"生本"理念。俗话说，一千个读者，就有一千个哈姆雷特。每个学生的生活经历、学习经历、阅读基础不同，对文本也会有不同的理解。作为教师，应该始终把学生放在课堂的中央，站在学生的角度进行思考。鼓励学生在阅读中自行发现、自行建构文本的意义。

本节课，从学习活动的设计来看，以自读自悟贯穿始终，珍视了学生独特感受。角色体验、辩论交流、生活实践三个活动层层递进，使学生经历了从最初的感知爱到理解爱最后到表达爱的一个完整的情感过程，情感体验也在学习过程中逐渐增强，有效落实了本单元"体会场景和细节描写中所蕴含的情感"这一语文要素。

在引导学生边听边想象画面的时候，是问学生想不想听一听父亲是怎么说的，这就可能会引起学生理解上的歧义，以为这就真是父亲说的话，在导语部分还需要再斟酌一下。

第二节　创意写作与口语交际

《小小"动物园"》教学设计

教学基本信息				
课题	小小"动物园"			
学科	语文	学段：低	年级	一年级
设计者	田秀娟			
指导思想与理论依据				
《义务教育语文课程标准（2011 版）》在"教学建议"中指出："习作知识的教学力求精要有用"，"在写作教学中，应该注重培养学生观察、思考、表达、和创造能力。"《课标解读》指出：低年级写话应鼓励学生把心中所想，口中要说的话用文字写下来，低年级的写话训练应走"由说到写，说写结合"的路子，学生说得有条理，富有想象力，表达了真情童趣，就成功了一半。本教学设计通过习作实践，活用"教材资源"，注重激发学生表达的欲望，注重学生的说与写的结合，降低写话难度，培养学生写话的兴趣和自信心。				
教学背景分析				
教学内容分析 　　本课习作指导借鉴于部编版教材四年级上册《小小"动物园"》习作内容。习作内容借助孩子生活经验，仔细观察，用比喻的手法把自己家里的人说成一种动物。通过"我的某某，怎么样，像什么"的句式展现出来。 　　**学生情况分析** 　　一年级的孩子对小动物有着浓厚的兴趣，因此本习作内容深受学生喜爱。一年级的学生能够简单地说一句完整的话，并能用文字表达。但由于一年级的学生识字不多，发育较慢，在写字上还比较吃力。学生善于联想，但了解人物的特点和所联想相关的动物，还是受到孩子认知少的局限。所以，需要在学生现有的基础上，力求孩子展开合理丰富的联想。 　　**教学准备** 　　教师准备：搜集相关素材，制作教学课件；辅助学生上课用的学习单。 　　学生准备：家人名片 动物名片。				

续表

教学目标及重难点
教学目标 通过对家人的观察，能够发现家人与动物某一方面的共同之处，培养学生的想象力。 能运用"我的某某，怎么样，像什么（动物）"句式介绍自己的家人，表达有条理。 能产生写话的兴趣。 **教学重难点** 教学重点：运用"我的某某，怎么样，像什么（动物）"句式介绍自己的家人，表达有条理。 教学难点：能够通过对家人的观察，能够发现家人与动物某一方面的共同之处，联想合理。

教学过程与教学资源设计

一、关注动物特点，激趣导入

（一）观看视频，关注动物特点

师：今天和大家一起上课的，还有一位小朋友吉祥。他给大家带来《疯狂动物城》中的一段动画片。（出示课件：《疯狂动物城》视频）

说一说视频中的业务员有什么特点？小兔子警官呢？狐狸呢？

预设：业务员说话慢腾腾、不着急等。小兔子说话快、活泼。狐狸幽默。

师：你们看，每个小动物是不是都有自己的特点？

（二）排序，为小动物找到相应的特点

吉祥还给大家带来一些小动物图片，你认识它们吗？可惜在来的路上，吉祥不小心将每只小动物的特点弄乱了，你能帮帮他找到它们各自的特点吗？

出示课件：

一蹦三尺　　　　一摇一摆　　　　任劳任怨

忙忙碌碌　　　　学人说话　　　　力大无比

（三）介绍自己了解的动物，并说一说特点

师：很多动物在一起，就像一个动物园。（板书：动物园）提起动物园，吉祥小朋友说，我家就是个小小"动物园"，（继续补充板书：小小），这是为什么呢？你们想不想知道？

【设计意图：喜欢小动物是孩子的天性。动画片更是孩子们的喜爱。由动物视频引入，激发学生说话兴趣的同时，教师有目的地聚焦动画片中小动物的特点。而后通过图片向学生展示天上飞的、地上跑的、水里游的动物，开阔学生思路，引导为图片上的小动物特点排序，用自己的话简单介绍自己喜爱的小动物的特点，为下面环节做铺垫。】

二、学习例句，品味特点

（一）读例句，了解例句的内容

出示课件：

我的爸爸胖胖的，像是一只熊。

我的姐姐游泳技术特别好，在水里像一条自在的鱼。

我的爷爷很威严，像一只大老虎。

1. 指名读，并回答问题

师：吉祥为什么说自己的家是一个动物园？

预设：他把爸爸比作了熊，把姐姐比作了鱼，把爷爷比作了老虎。

2. 读句子，想画面

师：读着这样的句子，在你脑海中，出现了怎样的画面？

预设：爸爸很胖，和熊一样胖；姐姐在水里游得特别快，像鱼一样；爷爷不爱笑，很严肃，样子可怕，就像一只大老虎。

师：虽然我们没有见到这位爸爸的样子，但我们能够想到他胖的程度，像熊一样。

（二）品例句，找共同特点

出示课件：

我的爸爸胖胖的，像是一只熊。

我的姐姐游泳技术特别好，在水里像一条自在的鱼。

我的爷爷很威严，就像一只大老虎。

1. 读句子，了解比作动物的原因

师：把爸爸比作了一只熊，是因为爸爸_____，熊也_____。（注意引导学生把话说完整，有条理）我明白了，因为爸爸体型胖，熊的体型也胖，所以将爸爸比作了一只熊。

为什么把姐姐比作一条鱼？爷爷呢？

2．再读句子，总结特点

出示课件：

我的爸爸胖胖的，像是一只熊。

我的姐姐游泳技术特别好，在水里像一条自在的鱼。

我的爷爷很威严，就像一只大老虎。

师：读完这三句话，大家有什么发现？

预设：这三句话的都是"我的_____怎么样，像_____"。

3．追问

师：我们把爸爸、姐姐、爷爷都联想一种动物行不行？

预设：因为每个人的特点不一样，结合特点想到的动物也不一样。

（三）巧搭配，进一步强化特点

1．搭配，强化人与动物的共同特点

师：我们把文中的这些小动物，换一下顺序行不行？为什么？

出示课件：

我的爸爸胖胖的，像是一只大老虎。

我的姐姐游泳技术特别好，在水里像一只熊。

我爷爷很威严，就像一条鱼。

师：显然这样改是不行的，把人物与动物进行联想时，要找到他们的共同特点，这样就不会闹出笑话了。看来，我们要将人物与动物联想时，要找到他们的共同特点，再进行合理的联想。（板书：共同特点）

2．填空，多方面联想人与动物的共同特点

出示课件：

我的妹妹_____，像只小白兔。

师：吉祥还有一个妹妹，他说我的妹妹像只小白兔，你能说说吉祥的妹妹，为什么像小白兔吗？

预设：喜欢蹦跳、长着两颗大门牙、喜欢吃蔬菜、长得很可爱……

出示课件：

我的妹妹很可爱，她总是竖起耳朵听别人说话，像只小白兔。

师：吉祥说小妹妹样子很可爱，还举了一个具体的小事。这样就把我妹妹介绍得更具体了。

【设计意图：叶圣陶说："教材无非是个例子。"其实"例子"不仅是一种凭借，同时也是一种手段。"例子"应该给学生提供学习方法、方式上的启发和教益。作为语文老师，不但要让学生"知其然""知其所以然"，还要达到能把所学的知识具有创意地运用到现实生活中去。】

三、模仿创作，品表达乐趣

1. 仿说

师：你能不能选取家庭中的某位成员，想一想与哪个动物最相似，他们之间共同的特点是什么？也像这样介绍一下自己的家人呢？

出示课件：

我的（　　）_____，像_____。

（1）说一位家人，同桌互相说一说。

（2）说几位家人。

提醒注意倾听：所说的人物特点与所联想的动物，是否有联系，是否恰当。

注意从不同的家庭成员来介绍。（由于一年级的学生比较小，能够说上一个特点，就不错了；若能够举例更好。）

2. 仿写

师：同学们说得很好，能够结合家人和小动物的共同特点，合理地将自己的家人想象成一种小动物。很棒，也很有趣。你们能不能把它写下来。

写话要求：

（1）选择家庭成员中的一位或几位进行介绍。填写在练习卡上。

（2）语句要通顺。

（3）联想合理。

【设计意图：叶圣陶说："大凡传授技能技巧，讲说一遍，指点一番，只是个开始，而不是终结。讲说和指点过后，接下去，有一段必要的功夫，督促受教育的人多多练习，应该是按规格练习。"】

3. 展评

（1）指名读，展评，修改

师生共评：引导学生认真倾听，看看语句是否通顺，联想是否合理。共同修改拼音错误，不通、不合理的语句。

（2）将写话的纸演变成一本小书，展示读

【设计意图：通过展评，演变"小书"，激发学生写话兴趣的同时，重在引导学生分享写话的快乐，享受写话成果的快感。】

4. 推荐阅读《我家是个动物园》

师：说到小小"动物园"，向大家推荐一本书《我家是个动物》。在这本书里有我——祥太，有爸爸、妈妈、爷爷、奶奶及自己的曾祖母。作者会把这些家里人比做什么样的小动物呢？欢迎大家课下阅读，相信会有更多收获！

【设计意图：通过向学生介绍《我家是个动物园》，引导学生从课内知识走向课外，另外，这是对孩子向中、高年级的习作一个引领。】

续表

五、布置作业

必做：继续完善《小小"动物园"》，读给家人听。

推荐阅读：《我家是个动物园》

板书设计：

小小"动物园"

共同特点

人物	力大无比	大象图
	一蹦三尺	袋鼠图
	一摇一摆	企鹅图
	学人说话	鹦鹉图
	忙忙碌碌	蜜蜂图
	任劳任怨	老牛图

教学特点（教学反思）

一、借习作实践，丰富积累

"巧妇难为无米之炊，蜂农难酿无花之蜜"。本次习作课是借"我的某某怎么样，像某种动物"句式，培养学生写话练习。一年级学生虽然对动物喜爱，但认知有限，认识动物的种类少，特点更讲不清。一年级的孩子对自己的家人还不是很了解。为了丰富学生对小动物有更多的了解，自己对家人有更深入的认识，能打开思维，展开合理联想，需要开展课前习作实践作支撑。为此，课前制作《我喜爱的动物》名片、《我的家》名片介绍，学生通过上网搜集、查阅书籍，了解自己喜欢的小动物。丰富孩子已有的对动物的认知，孩子们从天上、到地上、到水里，从庞大的到微小的，从现代的到远古时代的……不仅认识动物的种类多了，还了解动物的至少某一方面的特点。通过《我的家名片》制作，进一步引导学生用眼睛观察、了解自己的家人，促进与家人关系。为打开思维，展开合理想象，奠定基础。

二、依托教材资源，用活写话

"教材无非是个例子"，本课习作指导借鉴于部编版教材四年级上册《小小"动物园"》习作内容，即：小明说："我的爸爸胖胖的，很憨厚，像一只熊。"小红说："我的姐姐游泳特别技术好，在水里像一条自由自在的鱼。"小兰说："我的爷爷很威严，像一只大老虎"。结合自己家人的一个特点或几个特点，把自己的家人想象成一种小动物。为了适于一年级学生习作要求，将教材中的范例，有效进行修改简化，去掉人物的提示语，将"我的爸爸胖胖的，很憨厚，像一只熊"，改成：我的爸爸胖胖的，像一只熊。

续表

通过读例句，发现例句句式的特点，感悟结合人与动物共同的特点，产生合理、丰富的联想。结合例句句式，设计有效、有梯度的习题，例如：我的妹妹_____，像一只小白兔，让学生猜想小白兔的理由，拓展像小白兔的原因不止一个，开阔学生的思维，也为学生独立写作铺路。最后，学生仿照例句，自由的创作表达。

三、强化说写结合，以说助写

说是对心声的自由表达，只有说得流利，才能写得流畅。课标要求低年级对"写话有兴趣，写自身想说的话"，其实质也就规定了学生的写话训练要"我手写我口"，实现这个要求的前提也就是让学生充沛地说。在课堂教学时，积极创设民主、和谐、宽松的互动氛围，鼓励他们敢于说充分说。例如，学完例句后，让学生想一想家里的人与小动物的共同特点，试着仿照例句说一位家人。学生先同桌互相说一说，再在全班展示说。关注表达，及时表扬，注重引导更多的学生敢于表达。让每个学生先能把一位家人说好，再引导学生试着说两位家人，最后三位家人甚至更多。说得充分了，写得顺畅了，激发了学生写话的兴趣。

《我家是个"动物园"》教学设计

教学基本信息			
课题	我家是个"动物园"		
学科	语文	学段：中	年级	四年级
设计者	肖启荣		
指导思想与理论依据			

古语有云："未见意趣，必不乐学。"教师在课堂中应采用多种方式激发学生习作兴趣，调动学生表达欲望，使学生在习作活动中获得愉快体验，从而走向"乐于表达"。本设计从学生熟悉的活动出发，借助绘本，采用猜读、联想等方式，引导学生在愉快的氛围中学习写作方法，进而创意写作。

续表

教学背景分析
学习内容分析 　　《我家是个"动物园"》是统编教材中年级的一篇习作。习作主题从学生最为熟悉的家庭成员出发，运用"介绍动物"的方式来介绍自己的家人。习作主题形式新颖，能够较好地吸引学生的注意力，激发学生习作兴趣。在习作中，不仅要求学生能找到家庭成员与动物的相似之处，还要说清楚什么地方像，更要运用恰当的表达方式，将内容写具体、生动。 **学生情况分析** 　　对于四年级学生来说，写一写家庭成员所像的动物其实并不难，过程也充满乐趣。本次习作的困难在于学生思路上容易受到局限，想到的动物有限，想到家人与动物的相似点有限。大部分学生只会简单说家人像什么动物，表达比较单调，趣味性不够。因此，可以借助课前搜集动物特性，制作手抄报等活动，让学生选择的动物增多，拓宽学生思路。然后借助绘本、插图，引导学生从不同方面多种角度进行联系，最后采用举例子的方式，使特点更加突出。

教学目标及重难点
教学目标 　　能抓住家人与动物的相似之处，写出家人的特点。 　　通过举例子、细节描写的方式，将内容写生动、写具体。 　　通过自我修改、同伴互改，赏评学生"作品"，感受习作和生活的乐趣。 **教学重难点** 　　能够抓住家人的特点进行描写，并将内容写生动、写具体。 　　通过举例子、细节描写的方式，将内容写生动、写具体。

教学过程与教学资源设计
一、联系生活，回忆乐趣 （一）回忆交流，感受动物之趣 　　师：课前聊天时，老师发现很多同学都去过动物园。谁愿意为大家介绍一下给你留下深刻印象的小动物？ 　　生1：小猴子眼睛圆圆的，喜欢跳上跳下。 　　生2：熊猫胖胖的，爬起来非常慢，特别喜欢吃竹子。 　　生3：老虎很凶猛，叫声非常大。 　　……

师：有的同学还查阅了相关资料，了解了自己感兴趣的小动物的特点。

生：学生自由介绍感兴趣动物。

（二）出示图片，感受动物特性

师：动物园里的动物可真多，而且各具特色。（出示动物图片并做相应介绍）

威猛厉害

呆萌

灵活无比、健忘

慢吞吞

可爱、胖乎乎、贪吃

小巧玲珑、能说会道

【设计意图：课堂上生生、师生共同交流印象深刻的动物，将本次习作与参观动物园的经历对接，唤醒了学生已有的生活经验，激发了学生习作的兴趣。此外，通过图片、文字表述的方式，引导学生初步感知动物特点，为建立人物与动物的联系奠定基础。】

二、一读绘本，建立联系

师：今天，老师要带着大家参观一个小小动物园，（板书：小小动物园）看看这里都有哪些有趣的小动物呢？

（一）读绘本，感知有趣

1. 播放绘本视频，感知人物与动物之间的联系

我叫祥太，是个小男孩……其实呢？我是只小猴子，最爱吃香蕉，爬树很拿手，也很会模仿别人。

师：这个动物园跟我们之前参观的动物园有什么不一样呢？

生1：这个动物园里的动物不一样。

生2：这个动物园把人物比喻成了动物。

师：如果把家人想象成小动物，我们的家庭就会成为一个小小的动物园，这样，岂不是很有趣？那祥太为什么会把自己想象成小猴子呢？

生：祥太喜欢吃香蕉，爬树很拿手，还会模仿别人，这些特点和猴子很像。

师：祥太在饮食习惯、本领方面和猴子有着相似的特点。（板书：动物，相似特点，人物）

2. 猜读绘本，感知人物特点

（1）借助图片，猜联系

师：接下来出场的是爸爸，爸爸是只大狮子。猜一猜，这是为什么呢？

生1：我觉得祥太的爸爸头发乱蓬蓬，这一点和狮子很像。

生2：也许祥太爸爸和狮子一样跑得快，而且爱吃肉。

生3：祥太爸爸和狮子一样非常凶猛……

（2）阅读绘本，揭晓答案

出示课件：（相机板书：性格、样子、行为）

他是只大狮子。最爱吃肉，不爱吃蔬菜。早上他脾气不太好，头发乱蓬蓬的，叫起来像狮子吼。

（二）对比阅读，发现写法

我是一只小猴子。最爱吃香蕉，爬树很拿手，也很会模仿别人。

我的爸爸是只大狮子。最爱吃肉，不爱吃蔬菜。早上他脾气不太好，头发乱蓬蓬的，叫起来像狮子吼。

引导学生观察先说像什么，再说哪些地方想象的特点。

【设计意图：阅读是写作的基础，选择与本课内容较为贴近的绘本进行猜读，对比读，保护学生习作兴趣的同时，引导学生关注绘本中的表达方式，帮助学生打开思路，多角度建立人物与动物之间的联系。】

三、再读绘本，突出特点

（一）举例子

师：接下来，妈妈该出场了！（出示图片）这就是祥太的妈妈。

其实，她是一只大浣熊。请你结合资料和图片，猜一猜，为什么是浣熊呢？利用这样的句式"我的妈妈是只大浣熊，她_____"说一说。

出示课件：

研究发现，浣熊是个严重的洁癖症患者，只要它在有水源的地方进食，都会把手里的食物放到水里左搓搓右搓搓，好好洗干净了再吃掉。即使没有临近水源的情况下，浣熊会以干搓的形式将食物捯饬一遍再吃。

出示完整段落，感受事例作用：我的妈妈是一只浣熊，不管看到什么东西，她都马上收去洗。有一次，差点把我也洗了。

师：这样的描写，给你留下了什么感受？

小结：学生除了写清原因，还举了一个小例子，更加突出了特点。（板书：举例子）

（二）细节描写

出示图片，展开想象：仔细观察图片，妹妹偷听什么呢？谁愿意当祥太，给大家介绍介绍当时的情景。联想妈妈的语言和语言动作，要突出特点。

小结：生生交流。（板书：动作、语言）

【设计意图：运用引入资料、以说促写、联想等方式帮助学生加强人物与动物之间联系的认识。在互动交流中，提炼表达方法，提升表达效果。】

四、联系生活，创意表达

刚才，祥太向我们介绍了他家的动物园，他也特别想了解你家的动物园呢！

（一）小组交流

你的家庭成员都有谁？他（她）们像什么？有怎样的特点呢？完成下面的思维导图后在小组内交流。

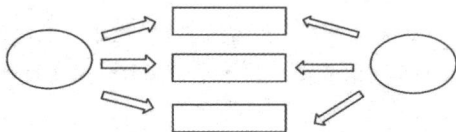

（二）出示写作要求及建议

写作提示：

想一想，你的家人和哪种动物比较像？什么地方像？选择一位家庭成员写一写。

建议：

（1）可以运用举例子的方法，突出特点。

（2）写完之后自己读一读，评一评。

（三）师生共写

（四）自评互评，修改习作

续表

五、布置作业

感兴趣的同学阅读绘本《我家是动物园》。

试着写一写其他家庭成员，完成自己家庭的"动物园"。

教师下水文：

我是一条大金鱼，头发黑黑的，眼睛圆圆的。平时我最喜欢穿黑色的衣服了，也喜欢在水里游来游去。更有意思的是，我也很健忘，经常拿着手机找手机，对着张三叫李四。记得有一次，某位老师委托我去他们班去叫个同学，当我再次走进办公室时，那位老师微笑着问道："人呢？"我这才想起刚才叫同学的事情。其实，当我前脚跨出办公室门口时，就已经把这件事忘得干干净净啦！

教学特点（教学反思）

本节习作课以学生原有经验为基础、以学生喜欢的绘本故事为范例，通过师生交流、共读绘本的方式，为学生打开思维的空间，激发习作的乐趣，提升写作能力。

一、读中学写，架起学生读写的桥梁

阅读是写作的基础，写作应基于阅读。而在以往教学中，教师往往存在重阅读，轻写作，读写分家等现象，导致学生不会写，不敢写等现象。本教学设计，以完成单元习作要求为主要目标，选取同题材绘本故事《我家是个动物园》作为读中学写的范本，从有趣的绘本故事中学习习作方法，为学生架起读写之间的桥梁，促进学生写作能力的提升。

二、全程陪伴，体验评价与分享的乐趣

以往的习作教学，学生写作多在教师指导后被布置为课后或家庭作业，改评是教师主责，作文评改课多在下一次习作课前进行，"指导""写""评"脱节，教师评改对学生的指导作用因"时过境迁"而缺失。本设计针对传统习作教学"重两头轻过程"实效差的现状，在40分钟内完成方法引领、学生创作、交流评改等全部学习活动，体现了教师对学生的全程陪伴，帮助学生建立习作自信。

《我的动物家族》教学设计

教学基本信息			
课题	我的动物家族		
学科	语文	学段：高	年级	六年级
设计者	董光利		

指导思想与理论依据

在语文教学中，读和写是互相促进，相辅相成的，阅读是写作的基础，写作是阅读的延伸。习作教学应贴近学生实际，珍视个人独特感受，积累习作素材。本次习作以阅读为依托，以介绍家族中的人物为内容，实现习作与阅读的链接，习作与生活的链接，使生活成为习作的支点，减少习作的压力，在习作的乐趣中培养自信心。

教学背景分析

学习内容分析

《水浒传》是我国的四大名著之一，在我国文学史上有不可动摇的地位，它之所以流传百年，不仅由于它生动，文学价值高，还有一个原因，那就是书中的人物几乎都有绰号。绰号的应用，使人物造型深入人心，起了相当重要的辅助作用。这些绰号是人物的特长、外形、技能、性情、品行的浓缩。本课旨在引导学生在阅读《水浒传》的基础上，品读以动物为绰号的《水浒传》中的人物描写，找到自己生活或者学习中的家族成员与动物的相似之处，为其安排合适的动物绰号，用充满情趣的语言把家族成员介绍给别人听。

首先，习作内容贴近学生生活，人和动物都是学生比较熟知的，习作素材丰厚。

其次，习作内容有针对性，介绍自己熟悉的人与动物的相似性，能突出家人的特点，让学生有表达的兴趣。

最后，习作内容具有创意表达的空间。本次习作要建立在联想的基础上，激发表达兴趣，生成有创意的表达。

本次教学的重点就是能联系生活展开联想，把自己熟悉的人与熟悉的动物建立联系，在充满趣味的表达中清楚、具体的介绍熟悉的人有哪些特点。

学生情况分析

学生以往写过"我最喜欢的小动物"这类的习作，对常见动物的特点、习性等有初步的了解，也有表达的基础；另外，信息化时代各种不常见动物也逐渐为大家熟悉，学生对各种动物自然而然的喜爱，情感基础丰厚；第三，要介绍的是学生熟悉的人，有一起学习一起生活的基础，对他的特点会比较了解，这些都为本课的习作做好了铺垫。

因此，寻找人与动物之间的相似性并表达出来对于学生来说不难，但是学生的联想往往比较单一，立意比较主观，篇章构思条理性差，为此，借助阅读经验帮助学生打开思路，多角度把人与动物建立联系，为写出充满个性与趣味的习作做好准备。

教学准备

教师准备：搜集相关素材，制作教学课件；辅助学生上课用的学习单。

学生准备：课前认真阅读关于《水浒传》中人物是动物绰号的人物资料；阅读《水浒传》中关于林冲的内容节选。

教学目标及重难点

教学目标

能联系生活展开联想，把人与动物建立联系，在充满趣味的表达中清楚、具体介绍"动物"家族里的人有哪些特点。

能借助阅读经验帮助学生打开思维，从不同角度，有创意地介绍熟悉的人的特点。

能感受到这个家族的人与周围的人和谐美好的情感。

教学重难点

教学重点：能联系生活展开联想，把人与动物建立联系，在充满趣味的表达中清楚、具体介绍"动物"家族里的人具有的特点。

教学难点：能借助阅读经验打开思维，从不同角度，有创意地介绍"动物"家族的人的个性特点。

教学过程与教学资源设计

一、揭示课题，激发兴趣

（一）激发兴趣，看图猜水浒人物

师：同学们，前段时间我们一直在读《水浒传》，水浒人物一个特点就是几乎人手一个绰号，而其中的很多绰号都跟动物有关。曾有人专门统计过，梁山一百单八将里，拥有动物绰号的居然有三十多位。你们还记得有哪些人物吗？

（二）揭示课题，看故事情节猜人物特点

《水浒传》中的好汉个个侠肝义胆，武艺高强，林冲绰号"豹子头"，读一读任务单上面三个写林冲的段落，哪些语句符合林冲"豹子头"这个绰号，把这个句子画出来，准备读给大家听。

他想道："柴大官人心里只要我赢他。"也横着棒，使个门户，吐个势，唤作拨草寻蛇势。洪教头喝一声："来，来，来！"便使棒盖将入来。往后一退，洪教头赶入一步，提起棒，又复一棒下来。看洪教头步已乱了，他把棒从地下一跳，洪教头措手不及，就那一跳里，和身一转，那棒直扫着洪教头臁儿骨上，撇了棒，扑地倒了。

续表

【重点抓住林冲的动作来写，凸显林冲不愧为八十万禁军教头，武艺高强，绰号"豹子头"果真名不虚传。】

林冲道："天可怜见林冲，若不是倒了草厅，我准定被这厮们烧死了。"轻轻把石头掇开，挺着花枪，一手拽开庙门，大喝一声："泼贼那里去！"三个人急要走时，惊得呆了，正走不动。林冲举手胙察的一枪，先戳倒差拨。陆虞候叫声："饶命！"吓得慌了手脚，走不动。那富安走不到十来步，被林冲赶上，后心只一枪，又倒了。翻身回来，陆虞候却才行的三四步，林冲喝声道："奸贼！你待那里去！"扯胸只一提，丢翻在雪地上，把枪搠在地里，用脚踏住胸脯，身边取出那口刀来，便去陆谦脸上阔着，喝道："泼贼！我自来又和你无甚么冤仇，你如何这等害我！正是杀人可恕，情理难容。"

【抓住林冲的动作、语言来写，表现林冲武艺高强，斩杀仇敌，快意恩仇，符合"豹子头"特点。】

头戴一顶青纱抓角儿头巾，脑后两个白玉圈连珠鬓环。身穿一领单绿罗团花战袍，腰系一条双搭尾龟背银带。穿一对磕瓜头朝样皂靴，手中执一把折叠纸西川扇子。那官人生的豹头环眼，燕颔虎须，八尺长短身材，三十四五年纪。

【抓住林冲外貌来写，说明林冲长相也符合"豹子头"特点。】

总结：因此，林冲绰号叫"豹子头"就可以从书中找到答案了：一是长相；二是身手敏捷，武艺高强；三是做事风格。

师：今天我们也来给自己身边的亲人朋友取一个含有动物名称的绰号，尝试用相似的方法介绍身边的人。我们的习作题目是——我的"动物"家族。这里的家族可以指每个人的小家，也可以指大家族，还可以指我们身处其他环境时感觉像家的地方，比如我们的班级……

【设计意图：揭示文题、调动兴趣、学生可以在头脑中预测写作空间，直指教学目标。】

二、确定目标，指导写作

（一）写人要抓特点

1. 读一读，猜猜我的"动物"家族写什么？

出示课件：

我妈妈性格很豪爽，做事总争先，是一个让人既喜欢又有点害怕的人……

我的爸爸很爱笑，从不轻易发脾气，很多不敢和妈妈说的话我都去和爸爸说……

2. 抓特点，定绰号

师：你觉得这样的介绍让你一下子知道了这两个人的什么特点？

预设：妈妈豪爽、爸爸温和。

师：你试着给这两个人起个绰号，用上动物名称。

续表

预设：妈妈，大老虎、狮子、野马、豹子等；爸爸，牛、羊、大象、猫等。

师：我们来看看这篇文章的题目，看作者给这两个人起了什么有趣的名字。

出示文题：我的虎妈猫爸。

【设计意图：通过示例引导学生发现人与动物的相似之处，绰号可以直接展现人物特点。】

师：这样的介绍你们满意吗？我们需要加工一下。

（二）写人要有情趣

师：快速浏览例文，说说例文是怎样写出虎妈的虎性和猫爸的猫性的。（在学生的汇报中，提炼要点，抓住重要的方法训练学生表达。）

1. 尝试写出对比

我的虎妈猫爸

我妈妈看上去很文静，但其实她性格很豪爽，做事爱争先，是一个让人既喜欢又有点害怕的人……

我的爸爸身材高大，他很爱笑，从不轻易发脾气，很多不敢和妈妈说的话我都去和爸爸说……

2. 写出有代表性的事件

我妈妈看上去很文静，但其实她性格很豪爽，做事总争先，是一个让人既喜欢又有点害怕的人。记得有一次公司举办大型活动，妈妈带的组要在 5 天内完成一个场地的设计和改造。妈妈开始一连几天都加班加点，每天只休息 4 个小时，最后连续奋战 48 小时才换来活动的顺利开展。活动一结束，妈妈就立刻跑回家倒在了床上……家里没人招惹她时，她经常自己默默地看书，一旦有人把她的火点燃，家里一定会充满她超高分贝的嗓音，"为什么""怎么会这样""把话说清楚"……连珠炮样的发问，瞪着溜圆的眼睛，简直就像只"母大虫"，我和爸爸只能败下阵来。有时我故意逗爸爸："你是个大男人怎么会这么怕我妈？"爸爸只是笑而不语。后来我又用相似的话问妈妈，妈妈才说："傻孩子，你爸那是怕我吗？他那是让着我！"

我的爸爸身材高大，他很爱笑，从不轻易发脾气，很多不敢和妈妈说的话我都去和爸爸说。四年级下学期，我再一次把公交卡弄丢了，这已经是第三次丢卡了，我回到家看见妈妈低着头没敢言语，直到爸爸回来，我才悄悄地跟爸爸说了，爸爸只是叹口气，没说什么转身去给我拿钱，没想到爸爸给我拿钱时还是被妈妈发现并审问出来，这下可惨了，连我带爸爸挨了妈妈好一通批评……别看爸爸在家里总是个老好人，其实他在外面也是很威风呢！爸爸的同事都说他能说会道，我也曾经在他们单位的网站上看到过爸爸演讲的视频，那真是慷慨激昂，妙语连珠……可到了家里，他就换成一副不善言辞的样子……

【设计意图：本环节是为了帮助学生打开思维，拓宽思路，为学生有话可写做好铺垫。】

（三）写人要表真情

我妈妈看上去很文静，但其实她性格很豪爽，做事总争先，是一个让人既喜欢又有点害怕的人。记得有一次公司举办大型活动，妈妈带的组要在 5 天内完成一个场地的设计和改造。妈妈开始一连几天都加班加点，每天只休息 4 个小时，最后连续奋战 48 小时才换来活动的顺利开展。活动一结束，妈妈就立刻跑回家倒在了床上……家里没人招惹她时，她经常自己默默地看书，一旦有人把她的火点燃，家里一定会充满她超高分贝的嗓音，"为什么""怎么会这样""把话说清楚"……连珠炮样的发问，瞪着溜圆的眼睛，简直就像只"母大虫"，我和爸爸只能败下阵来。有时我故意逗爸爸："你是个大男人怎么会这么怕我妈？"爸爸只是笑而不语。后来我又用相似的话问妈妈，妈妈才说："傻孩子，你爸那是怕我吗？他那是让着我！"

我的爸爸身材高大，他很爱笑，从不轻易发脾气，很多不敢和妈妈说的话我都去和爸爸说。四年级下学期，我再一次把公交卡弄丢了，这已经是第三次丢卡了，我回到家看见妈妈低着头没敢言语，直到爸爸回来，我才悄悄地跟爸爸说了，爸爸只是叹口气，没说什么转身去给我拿钱，没想到爸爸给我拿钱时还是被妈妈发现并审问出来，这下可惨了，连我带爸爸挨了妈妈好一通批评……别看爸爸在家里总像个老好人，其实他在外面也是很威风呢！爸爸的同事都说他能说会道，我也曾经在他们单位的网站上看到过爸爸演讲的视频，那真是慷慨激昂，妙语连珠……可到了家里，他就换成一副不善言辞的样子……

（四）写人要清晰完整

师：这篇文章详写了谁？略写了谁？是怎样安排内容的？

【设计意图：本环节是为了帮学生建立篇章结构意识，内容要完整，结构要清晰，重点要突出，详略要得当。】

三、情感驱动，落笔成文

师：你们想好介绍哪个家族了吗？想要重点介绍家族中哪些成员？这些成员的哪些特点最突出？打算用什么动物的名称命名他的绰号？和你的同桌交流一下。

出示习作要求。

学生独立完成，教师巡视指导，发现典型。

【设计意图：在习作教学中，教师要关注学生的起草环节，给予学生适当指导，使学生在写作实践中学会写作。】

四、共议交流，以评促改

写好后，自己读一读，修改不通顺、不连贯的语句。

同桌相互交换读，圈画哪里写得好。

集体分享，围绕"想丰富、写出情"进行评改。

师：谁愿意把自己的文章分享给大家？三分作文，七分读，你要读出自己的情感呀！听的同学要认真，想一想他的习作你最欣赏哪儿？还有什么建议？

【设计意图：引导学生通过自改、互改取长补短。引导学生联系生活，鼓励学生表达真情实感，有创意的表达，凸显以赏促改。】

五、作业

把每个同学都想象成一种动物写一写，试着制作"我们班是个动物园"的档案。

把你写好的习作在家人面前读一读，请他们评评写得像不像。

板书：

我的"动物"家族

做对比　　　记事件　　　表真情

教学特点（教学反思）

抓住《水浒传》人物特点，设计自己家人的动物绰号，以读写结合架起学生由阅读到写作的桥梁。

学生喜欢读《水浒传》，尤其喜欢书中的人物描写。学生通过阅读感受到设计人物绰号可以助力表现人物特点，进而设计自己家中人物的绰号，运用恰当的方法表现人物的特点。

激发阅读热情，引领学生走向广阔的阅读与习作的空间。

通过教师的设计和引领，学生对阅读原著《水浒传》充满热情，同时对于习作中人物描写也有了更大的热情。在确定了家人的动物绰号之后，引领学生在具体描写时尝试写出对比，写出有代表性的事件，表达真情。学生在学习过程中被引向更广阔的阅读与写作时空，形成了阅读与习作的有效互促。

《用多大声音》教学设计

教学基本信息				
课题		用多大声音		
学科	语文	学段：低	年级	一年级
设计者		刘秀清		

指导思想与理论依据

口语交际逐渐被视为语文教学中的一个重要方面，是一种新的教学策略与方式。相比以前的听话、说话的教学明显存在区别，更加重视学生在与人交流时的应变能力、与人交往时互相合作的精神。本设计立足教材，联系生活，在一个个情境中提升学生的口语交际能力。

教学背景分析

学习内容分析

部编版一年级上册语文教科书一共安排了《你说我做》《我们做朋友》《用多大的声音》以及《小兔运南瓜》四个口语交际活动，每次活动的话题都承载着相应的能力发展目标，由倾听表达到应对，从交际习惯到交际能力，循序渐进，彼此关联，共同形成纵向的能力发展线索。

《用多大的声音》是第三次口语交际，在说的要求上有了进一步的提升。有时候要大声说，有时候要小声说，让学生明白要根据场合控制音量，对初步的场合意识的具体化进行引导和培养。教材以问题的形式引发学生思考，到底什么时候该大声说话，什么时候该小声说话，并通过三个具有代表性的场景图，引导学生具体感知所处的场合不同，说话的音量也要不同，让学生明确说话的音量要依场合而定。

学生情况分析

通过前两次的口语交际活动，学生已初步了解了一些交际习惯和礼仪，比如注意倾听、大胆说话；说话时眼睛看着对方，把话说清楚。但是在日常的校园生活观察中发现，还是有些学生依然未养成相应的习惯，比如，眼睛不敢看对方或者一开始就需要提醒，还有不能很好地表达出自己的意思等。因此，学生交际能力和说话礼仪需要继续强化。

根据不同的场合和谈话对象，音量的大小也有着很大的学问。学会控制自己的音量，对于一年级的学生来说需要引导示范，让学生明白在不同的场合用合适的音量和他人交谈，也是一种社交礼仪和必备的交往能力。

教学准备

搜集相关素材，制作教学课件。

收集不同场景、情境的照片，让学生根据出现的情境进行交流。

教学目标及重难点

教学目标

知道说话声音要适量，要分场合。

知道与他人交流是文明、有礼貌的表现。

感受口语交际的乐趣，产生交流的兴趣，养成良好的口语交际习惯。

教学重难点

知道根据场合，用合适的音量与他人交流。

知道用不同的音量与人交流，逐步养成良好的说话习惯。

教学过程与教学资源设计

一、情景引入　揭示课题

引入：小明最近遇到了问题，下课和同学们一起玩游戏时，在楼道内、课堂上，他总是大声说，怕同学听不到，同学们渐渐不太喜欢他了，他很苦恼，该怎么办？

引发学生思考：能否一直大声讲话？或者能否一直小声讲话？

小结：看来，说话时有时要大声，有时要小声，那到底什么时候要大声说话？什么时候要小声说话？这节课我们就一起来交流"用多大的声音"。（板书题目）。

【设计意图：以游戏形式让学生体会声音有大小之分。】

二、交际练习　明确音量

（一）创设情境

今天我们一起在校园里走一走，大家思考在什么时候我们可以大声说话，什么时候要小声？

【设计意图：通过观察、想象、模拟表演等形式，让学生切身体验用多大声音说话是适宜的。】

（二）阅览室场景

1．出示阅览室插图

阅览室是同学们看书、读书学习的地方。这里应该是一个安静的地方。

2．引导学生关注墙上的"静"字，让学生说说是什么意思

一位同学在看书，另外一位同学刚进来，在寻找座位。他们该怎样交流，用多大的声音呢？（小声交谈）

3．师生、生生模拟交际活动

生1：（小声地）请问，这里有人吗？我可以坐在这儿吗？

生2：这里没人，你可以坐在这儿。

生1：谢谢！

4．评价

5．小结

在图书馆要小声地说话，不影响其他人读书。

（三）办公室场景

1. 出示课文插图，思考画面内容

预设：办公室是老师办公的地方，在老师办公室，这个同学捡到一块橡皮来交给老师。在办公室，要怎样和老师说话呢？

2. 和同桌练习

一人扮演老师，一人扮演学生，教师提示用合适的音量说话。

预设：进办公室应该先和老师打招呼。

办公室里有很多老师在办公，应该轻声说话，不能打扰到别的老师。

3. 请两位同学表演

两位学生表演，全班学生评价。

（四）讲故事场景

出示课文插图，思考画面内容。

预设：视频中是一个小朋友在给大家讲故事，她的声音很洪亮。

让学生说说在讲故事的时候，应该用怎样的音量讲。

指名一个同学讲准备好的故事，全班感知讲故事时的音量具体有多大。

评价：讲故事时应该把音量放大，让教室里的每个人都能听清。眼睛要看着听众。

【设计意图：学生在情境中判断应该大声说话还是应该小声说话并与同桌交流，调动了学生学习兴趣，锻炼了学生口语表达能力。】

（五）小结

图一在图书馆，大家都在认真读书，应该小声说话，不能打扰大家。

图二在跟老师讲述自己捡到了东西，在跟老师交流时，应清楚地向老师说明问题，表达自己的想法。

图三给大家讲故事时，声音要大，要让所有同学都能听清楚。

看来：有时候要大声说话。有时候要小声说话。

三、拓展延伸，引思考

（一）教师提问

你认为什么时候应该小声说话？为什么？

学生讨论。

师生交流。

预设：课间在楼道里、班级里要小声说话，不喧哗。上课回答问题时要大声，让老师和同学都听到。参加学校的演讲比赛要大声说话，看电影时要小声说话，在医院里要小声说话。

家里来客人了要大声问好，这样才显得热情。

（二）教师总结

在公共场所要小声说话；在大家安静地看书、学习或单独与人交流时，应该小声说话，尽量不打扰其他人。

在众人面前发言时应大声说话，让大家都听得清。

多为他人着想就能恰当的选择好说话的音量。

【设计意图：联系生活实际，发表自己的看法，说明理由。把口语交际内容与实际生活相联系。】

四、课堂小结

师生谈收获。

五、课后建议

在不同的场合，用合适的声音说话。请同学们把今天学到的知识讲给爸爸妈妈朋友听，请他们也和我们一起用最合适的声音说话，做最文明的人。

教学特点（教学反思）

教学过程是一种师生平等的互动交往过程，口语交际需要创设一些实际的空间，在师生互动、生生互动中，提高学生听、说的能力，学会与人交往。本节课，我通过创设"楼道""阅览室"等情境，激发了学生口语交际的欲望以及学习的兴趣。之后，引导学生在情境中思考，在情境中练习，在互动交流中，学生逐渐意识到，与人交流时，要注意声音的把控。有效落实了"生活中学习语文"的理念。

第三节　特色实践活动

《玉文化之汉字启蒙》教学设计

教学基本信息			
课题	玉文化之汉字启蒙		
学科	语文	学段：中	年级	四年级
设计者	何悦		

指导思想与理论依据
课标指出：语文课程应激发和培育学生热爱祖国语文的思想感情，引导学生丰富语言积累，培养语感，发展思维，初步掌握学习语文的基本方法，养成良好的学习习惯，具有适应实际生活需要的识字写字能力、阅读能力、写作能力、口语交际能力，正确运用祖国语言文字。语文课程还应通过优秀文化的熏陶感染，促进学生和谐发展，使他们提高思想道德修养和审美情趣，逐步形成良好的个性和健全的人格。

教学背景分析
学习内容分析 　　常用汉字中有 80% 以上是形声字。形声字由两部分组成，一个是形旁，一个是声旁。形旁表示字的意思，声旁表示字的读音。在孩子学习汉字的过程中，会遇到很多带有"王"字旁的字，如"瑕""瑜""珍"等，2009 年，《现代常用字部件及部件名称规范》将"王字旁"正式更为"斜玉旁"。本课以玉文化为钥匙，带领学生一起识记斜玉旁生字，一来可以增加学生对字词的理解；二来能够拓展学生的知识面，开阔学生的视野，增加语文教学的乐趣。 **学生情况分析** 　　四年级的孩子能够了解现行文字已经由象形文字演变为了表意文字，已经意识到文字现在是作为一个符号来使用的，也由刚入学的"画字"变成"写字"，再到"析字"，能从一些字中看到一些历史的影子，对于汉字的学习兴趣非常浓厚。这为本课的学习奠定良好的情感基础。但是在学习时还是总会产生"个别字原来是表示什么意思"这样的疑问。所以了解字的本义后也可以令孩子们记忆起来更简便，使用起来也减少了很多错误。

教学准备

教师准备：PPT、汉字取名卡、锦囊。

学生准备：以小组为单位，分组查阅《说文解字》中有关"玉"的解释。

教学目标及重难点

教学目标

通过观察、猜想，结合资料感知"玉"的含义。

了解"玉"，在"玉史"中感受中国古代玉文化的历史演变。

通过《说文解字》了解含有"玉部"的字。

教学重难点

通过《说文解字》了解含有"玉部"的字，在"玉史"中感受中国古代玉文化的历史演变。

教学过程与教学资源设计

一、课堂导入——引入"玉"

课堂导入："你比我猜"游戏。

亭亭玉立 金玉良缘 如花似玉

环环相扣 小巧玲珑 珠圆玉润 珍珠玛瑙

师：读一读，观察这组词，你发现了什么？

预设：第一组，都带有玉字；第二组，都带有王字旁。

师：你们还学过哪些带有王字旁的字？请大家以小组为单位，将这些字写在老师为大家准备的"汉字小花瓣"中，注意把字写正确、写美观。老师也给大家带来了一些字，我们一起来看看。

认识了这几个字，你认为带有王字旁的字跟什么有关呢？

二、课堂延展——走进"玉"字源

师：接下来让我们一起走进历史长河，了解"玉"字及"玉"的文化。说到"玉"，你们最想了解什么呢？大家有这么多好奇的方面，那么今天老师就给大家带来了一段关于"玉"字源的微课，请大家认真看，一会儿老师可要考考你们。

师：看完这段视频，谁来说说，你知道了什么？老师这里有 4 个不同字体的"玉"字，谁能给它们按照时间顺序排个序？

通过刚刚的小游戏我们了解到，玉从甲骨文一直到篆文都是象形字，到了隶书为了区分二字，故而在"玉"上加点，成为指事字，才有了我们如今的"玉"字。

其中还有一个小故事，老师想请两位同学来讲一讲。

所以王字旁，我们也可以叫什么？为什么不叫"玉字旁"而是"斜玉旁"？

续表

三、课堂拓展——《说文解字》看玉部

师：通过刚刚的学习，我们知道了"玉"和很多带有"斜玉旁"的字都有着很深的寓意，很多带有斜玉旁的字都被选入了人名中，蕴含着人们美好的寄托与愿望。我们班就有一位同学的名字中含带有斜玉旁的字，请他来为大家介绍一下自己的名字。

听完他的介绍后，谭老师向咱们班的同学发出了求助。谭老师的宝宝要出生了，他非常喜欢"斜玉旁"的美好寓意，希望大家能帮谭老师的宝宝选一个带有"斜玉旁"的字做名字。

老师事先为大家备选了一些带有"斜玉旁"的字，请大家以小组为单位，结合你们手中《说文解字》关于"玉"的资料，查一查它们的意思，完成后边的表格。并为谭老师的宝宝选择一个有寓意的带有"斜玉旁的字"并说清你们的理由。

《说文解字》看玉部

一、普通的玉或者与玉相关的物

一种是指普通的"玉"。由于产地、颜色、成分等多种因素的不同，古人对为它们起的名字也有不同。"璐""璇""琳"均为美玉，属普通玉石一类，但质量更高；"琇"，特指朽玉，是有疵点的玉等。

此外，还有一些是与玉相关的，如根据玉之声、玉之色泽、玉之纹理等。

玉之声："玲、玎"指玉声之美妙。玪，玉佩相击之声，李商隐《燕台·春》："香肌冷衬玪玪佩。"指的是轻风一吹，衣襟飘起，露出女子如冰似玉的肌肤，与身上玪玪作响的玉佩互相映衬，更显得洁白清凉。除此之外表示玉佩相碰声音的字还有"瑢"等。

玉之光：《说文解字》"瑛，玉光也"；《韩诗外传》卷四"良玉度尺，虽有千仞之土，不能掩其光"，指的是美玉超过一尺，即使有十仞厚的土，也遮掩不住它的光芒。可见古人对玉的观察之仔细，记录之详尽，更体现出玉在人们生活中的重要地位。

二、有特殊用途的玉

有特殊用途的玉主要是根据玉的文化内涵对玉进行的分类。分为以下几种：瑞信类，礼神祭祀类，丧葬类，配饰类。

1. 瑞信类

古人赋予玉以祥瑞的象征，瑞信类的玉主要用于政治军事方面。

例如，古代调兵遣将要用信物，"琥"就是一种调兵信符，又叫"虎符"，这个字也是形声字。《说文解字》里解释为"琥，发兵瑞玉，为虎文。从玉从虎，虎亦声"。

琥：形声字

2. 礼神祭祖类

先秦时期主要的礼仪用玉有六种：琮、璧、圭、璋、璜、琥，合称"六瑞"。

自古以来都有天圆地方的说法，"璧"用来祭天，"琮"用来祭地，圭、璋、璜、琥分别祭东西南北之神。

琮：祭地用，方形

3. 丧葬类

古代人祭祀天地鬼神要用玉，人间丧葬也会用到玉。

丧葬用玉分为两种，一类是一般的玉器，它可以摆放在墓室的任一角落，大多只是一种财富和地位的象征，生前地位越高，堆放的玉器越多。另一类是葬玉，它用来摆放在死者的身上或口中。

以"琀"字为例。许慎："送死口中玉也，从玉从含，含亦声。"就是将玉放入死人口中。这么做的原因是古人认为玉石得山川之精气而成，故迷信地认为把玉放入死去的亲人的口中或身上就能驱邪避鬼，尸体不会腐烂。

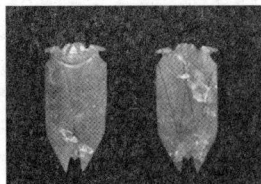

琀——形声字

玉衣

续表

4. 配饰类

配饰类主要包括身上佩玉，头饰耳饰用玉，佩刀用玉等。

中国古代作耳饰的玉器主要有玦、环、珥等。"玦"是一种有缺口的环形器；"环"是璧的一种，呈圆形板状体，中间有大孔，孔径大于玉身；"珥"是一种珠玉做的耳饰。

玦　　　　　环　　　　　珥

通过对《说文解字》玉部字的解析，我们知道玉文化是一种中国特有的文化，玉文化的发展与中国社会文明的发展息息相关，与中国其他各种文化紧密相连，也使得玉在中国古人的物质生活和精神生活占据了重要地位，是我们了解中国文化的一个重要环节。

请大家以组为单位进行讨论，为谭老师的宝宝选字，将它写在老师准备的取名卡上，并想一想为什么选这个字，并与大家一同分享汇报。

其实不只是谭老师，连古代的乾隆皇帝也是十足的玉迷。他不仅收藏了很多玉、对玉颇有研究，连他的 17 个孩子名字都是以带有"斜玉旁"的字命名的。我们来一起看一看这几个名字：永璐、永琮、永瑢、永璇、永璜……

玉"痴"——乾隆皇帝

- 据了解，乾隆皇帝为玉扳指写过的诗就不下50首，他自己御用的扳指都是工匠为他量身定做的。扳指的款式讲究，乾隆常常都会亲自过问每一个制作步骤，给工匠建议和指导。部分珍贵的玉扳指，乾隆爷还给配上专门的紫檀盒或是丝织布套等。

- 除了玉扳指，乾隆对印章也是大爱。据记载，乾隆爷共刻制过近两千枚的方宝印玺，比清代其他皇帝拥有的总和还多。

- 永璜、永璋、永珹……乾隆的17位皇子们的名字都与玉有关。"璜"是半璧形的玉，"璋"是古玉器，"珹"是一种美珠……乾隆爷对玉的喜爱不言而喻。

请大家结合刚刚了解到的几个玉部字的含义猜一猜，能够继承大统的太子的名字会是哪一个呢？

预设：琮，祭祀大地，在古代非常神圣，预示继承大统。

四、课堂总结

同学们，通过刚刚的学习，我们了解到"玉"字的由来，认识了那么多与"斜玉旁"相关的汉字，今天我们的"玉"字汉字启蒙就上到这里。老师相信对于"玉"你们一定还有着更多其他方面的疑问。相信大家通过下节课的学习，你们一定能够更加深入的了解"玉"、走进"玉"。下课。

教学特点（教学反思）

教学特点

聚焦传统文化，以古籍为引领。《说文解字》看玉部，以"玉"为钥匙打开"斜玉旁"之门。

多学科融合，在玉史中感受中国古代玉文化的历史演变，感受中国汉字的无限魅力。

精心设计教学活动，激发学习兴趣。"为宝宝取名"和"猜测太子名字"贯穿古今，由历史、课堂延伸至生活，激发学生的学习兴趣。

以学生为主体，注重能力培养，小组合作自主学习与成果分享贯穿始终。

教学反思

本课学生分享内容较多，但是形式比较单一多为讲解。教师课下应充分引导学生开拓思维，多种方式展示分享自己的学习成果。

《玉文化之拓展延伸》教学设计

教学基本信息				
课题	玉文化之拓展延伸			
学科	语文	学段：中	年级	四年级
设计者	谭佳星			

指导思想与理论依据

　　指导思想：落实中小学生发展核心素养中的学会学习和实践创新，理解和领会综合实践活动指导纲要中的综合实践活动是面向学生真实的生活和发展需要，从生活情境中发现问题转化为研究主题。根据课程改革的精神，要求"教学活动侧重于有学生主体参与的体验、探究、交流研讨等实践性教学活动"。在教学中，教师要引导学生积极主动地投入学习生活，并且引导学生之间不断互动、沟通和交流学习感悟。

　　理论依据：这一课正是落实以上纲要精神，通过创设情境，激发学生学习的兴趣，发现问题并积极地投入学习活动，学生制定计划，沟通交流，确定每组不同的展示形式。在本节课教学时，各组学生从玉的含义、玉的典故、玉的历史发展和玉的功能等开启玉文化的认识，同时获得一些积极的情感体验。

教学背景分析

学习内容分析

　　汉字文化源远流长，是古代人们智慧的结晶。每一个汉字，寻根究底，无一例外地都来自最真实的生活。同时一种文字的产生和演变，离不开一定的文化体系。小学阶段的学习中，识字教学在多个学科中都有涉猎，但是存在着片面追求知识的技能性，各学科之间相互独立，任课教师很少有沟通，有时都是学生自己发现某个知识点在另一学科的课堂上有所涉猎。这种割裂式的学习不利于学生们知识体系的系统建构，更多的是碎片化的知识点的累积。

　　针对以上情况，本课程的设置以汉字学习为中心点，结合综合实践学科特点，开展三阶段六课型的综合性实践课程，培养汉字敏感度，识字解字能力，同时能够通过典型汉字触探汉字文化，了解汉字承载的延展世界，培养学生的文化底蕴，提升民族自豪感。

这个学期开设的"玉"字，让学生多维度地认识玉。

《玉文化》这一主题的选择，主要考虑到玉与我们的生活息息相关，学生非常熟悉，但又从未探究过。可以引导学生通过收集、查找资料和开展社会调查等方式。一方面培养学生提出问题、研究问题和解决问题的能力；一方面激发学生参与社会调查研究的兴趣和热情。这样让学生走进生活接触社会，把学生生活领域延伸到社会中去，从而充分体现活动内容的综合性，活动主体的实践性和开放性，使学生在实践中收获知识、提升能力。

学生情况分析

参与本次活动的是我校四年级1、3、4、5班的学生，这四个班的的学生有一定的综合实践活动经验，能够设计出适合本组的活动方案，在实施活动中能够做到积极参与，并能进行比较好的聆听、观察和动手操作等实践活动。

四个班的孩子活泼好动，思维活跃，在本次活动中发挥他们的优势，确定主题后根据自己的兴趣选择活动组，充分发挥他们的自主性、参与性和互动性，进行深度的探究。在实践的准备阶段，引导学生利用网络、查书等方式，通过图片、文字、典故和视频等形式对玉文化有了初步的了解，对玉的诗词、玉的功能和玉的种类开展搜集资料活动，要及时总结反思，组织展示交流活动。

教学准备

教师准备：音乐、服装、各组活动PPT。

学生准备：搜集的资料、组内分工和发言内容。

教学目标及重难点

教学目标

知识与技能：学生通过各组不同汇报形式的展示提高语言表达、总结归纳等能力，培养学生质疑能力、调研方法的选择等动手实践能力和科学精神。

过程与方法：通过活动学生了解更多的玉知识，提高对汉字学习的兴趣，培养良好的学习习惯。学生在学会玉字本身含义的同时，能开辟更多玉的知识，在同学间相互交流影响。

情感态度与价值观：学生在活动中通过与同学合作，体验合作的乐趣。

教学重难点

通过展示活动，学生相互交流、合作学习，获取其他同学的建议，认识到小组合作的重要性。

体会玉文化的内涵，激发民族自豪感，对传统文化产生兴趣。

教学过程与教学资源设计

一、课堂导入

（一）回顾前期活动

学生的发展水平决定了教师要创设问题的情境，激发内在的动力，帮助学生确定体验的活动和探究的方向。开始上课了，老师简单介绍这次展示课的分组情况，明确本次活动的主题。

师：今天特别开心，因为又能和同学们一块愉快地学习了。经过这么长时间的准备和努力，检验成果的时机到了，接下来，让我们一起探索玉文化。

（二）明确交流要求

小组展示研究成果前，师生交流汇报要求和聆听要求。

汇报要求：

（1）我们的研究主题是什么？

（2）我们的汇报方式是什么？

（3）声音洪亮，语言流畅。

聆听要求：认真倾听，从小组汇报中有所收获，并总结发言。

我们选择哪个方面进行研究？声音洪亮，语言流畅。我们的汇报方式是什么？认真倾听，从小组汇报中有所收获，并总结发言。

二、课堂发展

综合实践是具有生成性的，随着活动的不断展开，新的目标不断生成，新的问题不断产生。在教师的指导下，学生分组开展活动，搜集资料，归类整理资料，形成展示成果。

（一）活动：玉义、玉词和玉诗词

第一组：玉的含义

生1：听说咱们班有几个被称为"字典小达人"，本人很不服气，让我来会会他们。

生2：行走的字典。（一边走一边把玉的14种含义说出来）

生3：快速的字典。（快速说出玉的14种含义）

生4：归类的字典。（分类别的说出含义）

生1：怪不得是字典小达人，佩服，佩服。

生2、生3、生4：承让、承让。

【设计意图：让学生知道玉在字典里有14种含义。学生通过搜集资料，了解玉的含义，呼吁学生关注字义的重要性。】

第二组：玉的词语

生1：哎！书到用时方恨少，词到用时哪里找啊。

生2：你怎么垂头丧气的，遇到什么问题了？跟我说一说，我帮你想想办法。

续表

生1：好朋友最近迷上了玉的词语，让我用玉的相关词语来夸他，愁坏我了。

生2、生3、生4、生5、生6：巧了，我们也迷上这个了，我们来跟你说一说。

生2：表示玉器或玉饰事物的词有：玉璜、玉玦、玉瑱；表示玉质的实物：玉壶、玉杯、玉笛；表示被玉装饰的事物：玉斧、玉台、玉杖。表示出产玉的地方：玉水、玉田。

生3：表示对人对事的美称有：玉蝉、玉女、玉文；表示与皇帝有关的事物有：玉陛、玉玺、玉座；表示与神话传说相关的人或事物：玉妃、玉兔、玉树。

生4：表示植物的词有：玉兰、玉米、玉麦；表示美德与贤才等品质的词有：玉洁、玉润、玉德。

生5：说了这么多的词语，我们来说一说用玉的成语来隐喻人的道德情操和一切美好事物：玉润冰清、金玉良言、璞玉浑金、珠玉在侧。

生6：用玉的声音清脆、响亮的特征来隐喻歌声、诗文的韵律美：珠圆玉润、金声玉振、铿金铿玉；用玉的圆润来隐喻文章优美流畅：珠圆玉洁、抛砖引玉、金章玉句。

男同学夸组内女同学：用玉的美来隐喻女子的美貌：亭亭玉立、如花似玉、朱唇玉面。

【设计意图：感知玉的词语及词语的用处，培养学生学习玉的兴趣，体会玉词语的精妙之处，让学生直观形象的感知玉的成语，扩充词汇量，形成爱查字典和搜集词语的好习惯。】

第三组：玉的古诗词

生1：刚才大家说了很多有关玉的词语，下面让我们诗词组带同学们欣赏玉的古诗，同学们还记得唐代的贺知章吗？他的《咏柳》就用玉赞美了柳树，请听唱诗。

咏柳

〔唐〕贺知章

碧玉妆成一树高，万条垂下绿丝绦。

不知细叶谁裁出，二月春风似剪刀。

青玉案·元夕

〔南宋〕辛弃疾

东风夜放花千树，更吹落，星如雨。

宝马雕车香满路。凤箫声动，玉壶光转，一夜鱼龙舞。

蛾儿雪柳黄金缕，笑语盈盈暗香去。

众里寻他千百度，蓦然回首，那人却在，灯火阑珊处。

【设计意图：学生自己搜集玉的古诗词，对玉感兴趣的点不同，搜集的方向不同，锻炼筛选和整理信息的能力，分享搜集的结果并细致的分析古诗，说服组员选自己的古诗，锻炼沟通和表达能力。】

（二）活动：玉的起源及种类

生1：前面的小组给我们带来这么多有意思的含义、词语和古诗，我们也不能落后，看看我们的。

第一组：玉的历史发展

生1、生2、生3、生4：历史朝代歌谣（每人手拿一把纸扇）。

生1：玉器在中国历史上出现过三次高峰时期，分别为商周时期、唐宋时期、明清时期，这三个时期在中国历史上都产生了深远的影响。这些时期经济繁荣，人民生活幸福，一定程度上也影响了玉石产业的发展壮大。

生2：从殷商开始，以和田玉为主体的玉器工艺，新石器时代登上了华夏民族的玉坛，才出现了称誉世界的"东方艺术"，形成了一部波澜壮阔的中国玉器史，成为中华民族灿烂文化的重要组成部分。

生3：《唐实录》亦有"自天子以至诸侯、王、公、卿、相，三品以上许用玉带。"说的通俗易懂点就是玉带是最具代表性的玉器，使用者受身分等级的制约。

生4：清朝的玉器最大的不同表现在两点，一是工艺加工方面；二是工料。工艺加工方面非常重视，精雕细琢，做工细致，成品由于技术的精湛变得非常优质。在工料方面清朝非常偏爱白玉，尤其是羊脂玉，使得清朝的玉器发展达到顶峰。

生5：一定有人想问什么是和田玉、羊脂玉什么的，别着急，解说者这就来了。

【设计意图：这个组的展示活动是简单介绍玉的历史，让同学们直观地感受不同历史时期玉的重要作用和代表性的玉石，为下一组进行简单铺垫。】

第二组：中国四大玉石

生1：和田玉分布于新疆莎东——塔什库尔干，呈白色、青绿色、黑色、黄色等不同色泽。玉质为半透明，抛光后呈质状光泽。秦始皇统一中国的时候，和田玉因产于昆仑山被称为"昆山之玉"，以后又因位于"于阗国"境内而被称为"于阗玉"。直到清光绪九年（1883年）设立和田直隶州时，才被正式命名为"和田玉"。

这是珍藏于陕西历史博物馆的西汉国宝级文物"皇后之玺"，其质地为新疆和田羊脂玉，是迄今唯一的汉代皇后玉玺，2008年北京奥运会会徽徽宝"中国印"，也是采用新疆和田玉作为材料。

生2：独山玉，矿区地处南阳市北郊的独山，所以又称"南阳玉"，质地细腻纯净，具有油脂或玻璃光泽，抛光性能好，透明及三种以上的色调组成多色玉，颜色艳。主要品种有白玉、绿白玉、紫玉、黄玉、芙蓉红玉，墨玉及杂色玉等。

生3：和氏璧，源出南阳玉。名动天下的和氏璧并非和田玉，试想可知，战国时期新疆仍是一片不毛之地，从此处采得美玉制成和氏璧的可能性极低。根据玉石专家的判断，和氏璧极有可能是南阳玉，也就是通常所说的独山玉。

生4：蓝田玉是因其产于西安的蓝田山而得名，按矿物成分及外观特征可将玉石分为五种：第一种为白色大理岩；第二种为浅米黄色蛇纹石大理岩；第三种为黄色蛇纹石大理岩；第四种为苹果色蛇纹石大理岩；第五种为条带状透闪石化蛇纹大理岩，有翠玉、墨玉、彩玉、汉白玉、黄玉等。唐朝诗人李商隐一句"沧海月明珠有泪，蓝田日暖玉生烟"，把蓝田玉的玲珑剔透、光泽温润描绘得出神入化。

师：绿松石，古有"荆州石"或"镶阳甸子"之称。呈深浅不同的蓝、绿等颜色，蜡状光泽，湖北产优质绿松石，中外著名，其玉器工艺品深受人民喜爱，畅销世界各国。

【设计意图：让同学们通过地图了解中国四大玉石的地理分布，了解玉石的基本分类，体会到国家的地大物博、幅员辽阔，增加民族自豪感。】

第三组：玉的典故（历史情景剧）

《玉环》

战国晚期，秦王政曾遣使送一个玉连环给齐国，并对齐国说："这连环上的两个环，没有人能分开，齐国人足智多谋，能不能把它解开呢？"想以此不可解之环试探齐国的虚实，齐国王后听罢来使之言，拿来铁锤，把玉环打破了，并对来使说："我们已遵命打开了连环。"秦王政知道此事后，认为齐国有宁为玉碎的精神，所以不敢再存伐齐之心了。

【设计意图：历史故事的情景再现，让学生身临其境，感受宁为玉碎不为瓦全的民族气节。】

第四组：玉的功能

生1：玉的保健功能。玉具有"除胃中热、滋毛发、滋养五脏、柔筋强骨"等功效。常佩玉，可蓄元气，养精神。

生2：玉的政治功能。玉器为等级制的物化表现，历史组在《唐实录》中做了介绍。

生3：玉的经济价值。玉器作为聚敛财富的手段、显示富贵的一种标志。

生1：我们最想介绍的是：玉被赋予了道德，君子比德于玉是儒家的用玉观。古代，玉象征伦理道德观念中高尚品德。《说文解字》载："玉，石之美者，有五德。"五德分别指——

生2："仁，润泽以温"：光泽滋润而柔和；象征仁义道德。

生3："义，鳃里自外，可以知中"：玉质里外一致；象征表里如一。

生4："智，其声舒扬，专以远闻"：声音舒畅而清扬，远远可以听见；象征智慧和远谋。

生5："勇，不挠而折"：质地坚硬；象征宁可玉碎，不能瓦全。

生6："洁锐廉而不枝"：断口有棱角，但不很锋利；象征清廉正直。

续表

师：玉在中华民族的心目中是美好、崇高之物，故以玉制的器物多为高雅、庄严的器物。所谓"玉不琢，不成器"，玉这种东西，要经过雕琢之后，方成器物。老师知道完成每组的主题，你们也像玉一样经过了磨炼，经过了雕琢，才有今天的展示成果。我们来听一听，大家都遇到了什么问题？是如何解决的？

今天听了你们的汇报，我还真是从中学到了许多以前不知道的知识，同学们的主动探索、合作交流、不畏困难的学习精神更让老师钦佩，为你们高兴。

孔子曰："三人行，必有我师。"观看了各小组的汇报后，你们有什么话想要说呢？你们心中的冠军又是谁呢？

请你们对照评价表对刚才的汇报做一个点评，可以对刚才汇报中自己感兴趣、印象最深的部分作具体展示形式、小组的点评，也可以借此机会感谢在自己研究过程中给你帮助的人。

教学特点（教学反思）

"老师，下次课我们要探究哪个字的文化呢？"

"老师，我还找到了很多关于玉的古诗词，我建议我们也弄个玉的诗词大会。"

下课以后，同学们兴冲冲地跑到讲台上来，七嘴八舌地议论着，看着他们的笑脸，看着他们的那种热情，我由衷地笑了，看来这次课已经到达我所期望的成效，让他们收获不少。这课的学习不仅让他们学到了知识，也锻炼和培养了他们搜集信息和整理信息的能力，告诉他们要养成一个良好的习惯。学习汉字要追溯起源，多方面了解这个字，热爱中国传统文化。本课的亮点在于有七个组从七个方面介绍玉，有玉含义组、玉词语组、玉古诗组、玉的历史发展组、中国四大玉石组、玉典故组和玉功能组。以玉为主线，每组研究一个主题，不同的主题带来不一样的玉字。

这节课给学生提供了表现的机会，学生通过自主探究学习的过程，不仅学到了知识，还锻炼了他们的动手操作和实践能力，课堂上积极的展示和自我表现构成了课堂活跃热烈的气氛。学生能够观察，有发现，能动手操作有收获，能够动脑有所挖掘，各项能力得到了培养，还使学生知道了汉字不但有音、形、意，还有更多的方面可以被我们挖掘和学习，展现了不一样的汉字课程，体会我国古代人们的智慧，从而热爱中国优秀传统文化。

《玉文化之创意生活》教学设计

教学基本信息				
课题	玉文化之创意生活			
学科	语文	学段：中	年级	四年级
设计者	闫畅			

指导思想与理论依据

《中小学书法教育指导纲要》（以下简称《纲要》）指出："中小学书法教育，必须以中国传统经典碑帖与汉字文化为基本内容，加强对祖国文字的理解与热爱，以提高汉字书写能力和书法艺术审美能力为基本目标，以课堂教学与课外实践为基本途径，适当融入中国其他优秀传统文化教育。"

在书法教育教学中，以《纲要》为基本宗旨，以"经典碑帖与汉字文化"为基本内容。以"九大原则、三维目标、一个目的"为基本理念。面向全体，让每一个学生写好简化字、熟知繁体字！遵循书写规范，关注个性体验。加强技能训练，提高文化素养。

在课堂教学中，严格遵循"九大原则"，完成"三个目标"，以"一课一字，一字多得"为基本方法，切实提高课堂教学的实效性。

本课理论简述：主要依据九大原则中"软笔适古，硬笔适今"原则、"经典为师，循序渐进"原则、"先重结构，后重用笔"原则、"健康第一，写字第二"原则、"教师示范，形成偶像"原则。廿四法中的五指执笔法、繁简同识法、点线辅助法、集字强记法。目的是让学生认识了解书法的五种字体，热爱传统文化了解汉字发展。

教学背景分析

学习内容分析

本课是《一字一世界——玉文化》的最后一课，前两节课学习了玉字的字意及字源发展，学生对玉字本身有了足够的学习。并且能够对临、背临例字，还对玉字组成的词语也有了一定了解。本节课为本课程最后一课，为学生设计了展示环节，带来了例字瑞及相关的瑞字书法作品，让学生能够在本课最后完成一幅完整的书法作品。

学生情况分析

学生在本课程第一二课时中对例字玉的字形结构有了一定的掌握，本课重点学习例字"瑞"的字意及字形结构，难点在于"瑞"字右半部分倒山的形状的书写以及最后的书法作品。

教学准备

教师准备：不同形式的书法作品、书法作品纸、课件。

学生准备：书法章、毛笔、墨汁。

教学目标及重难点

任务目标

基本：学习瑞的词义及有关瑞字词语的含义。

高级：正确美观书写欧体楷书例字"瑞"。

三维目标

技术：熟练辨识书法中的五种字体"瑞"的不同写法。

艺术：通过瑞的五种字体来激发学生对传统文化的学习热情。

文化：通过资源发展及书写书法作品热爱中国传统文化。

教学重难点

例字瑞的字意及字形结构。

正确美观书写例字瑞及完整的书法作品。

教学过程与教学资源设计

一、情境创设与复习导入

出示课件："玉出昆冈"书写视频。

师："玉出昆冈"这个词语出自《千字文》："金生丽水，玉出昆冈。"金生丽水，是指金子生于金沙江底；玉出昆冈，指玉石出自昆仑山冈。经过前两节玉字的启蒙课，今天我们来挖掘一下玉字背后的文化。（板书：全景特色课程————一字一世界·玉）

生：玉出昆冈，指玉石出自昆仑山岗。

【设计意图：通过优美的书法作品激发学生的书写兴趣，同时引出本课玉。】

二、新知传授与讲解示范

1. 复习玉字的本意

师：同学们还记得玉字的本义吗？

生1：石头的一种，也可理解为美丽的石头。美，尊贵的，比喻洁白美丽。

生2：这五种字体依次是行书、草书、楷书、小篆、隶书。

师：（出示课件：玉字的五种书体作品）看来同学们对玉字的本意已经十分了解了，上学期我们学习过汉字中的五种字体，谁能把玉字这五张图片对应上五种字体呢？

【设计意图：让学生再次巩固知识点，为最后书写书法作品做铺垫。】

续表

2. 讲解例字"瑞"

师：今天老师给大家带来了一个跟玉有关的字，你们认识吗？我们一起来看瑞字的字意，请同学们大声读一读。

生 1：瑞。

生 2：古代作为凭信的玉器，可以组词为祥瑞。

三、学生实践与分享交流

师：同学们，根据我们已有的学习经验，接下来请你们先尝试对照字帖书写例字一遍。

预设：学生尝试第一次临写例字"瑞"。

师：谁能分享一下你在书写"瑞"字时，有什么困难吗？你认为在书写例字时需要注意什么？

生：我认为书写时应该着重注意右半部分上方的几个笔画，像是一个颠倒的山字。

师：同学们总结得非常好，在书写时要注意左右结构字的搭配关系。接下来请同学们再次练习书写例字。

预设：学生再次书写例字。

【设计意图：本环节运用了书法教学中先重结构，后重用笔的原则。让学生掌握书写要点，正确美观书写汉字。】

四、拓展提高与作品展示

1. 了解书法作品的基本形式，书写书法作品

师：今天我们来用"瑞"字书写一幅书法作品，先让我们来了解几种常见的书法形式。你最喜欢哪种呢？

生：我喜欢扇面这种形式，特别漂亮。

师：（出示课件：书法作品）老师也为大家准备了几种书法作品，有斗方、书签、扇面。请同学们选择喜欢的形式进行创作。

学生根据喜欢的书写形式进行创作。

【设计意图：本环节运用了一课一字、一字多得的基本方法，学生不光学习如何正确书写汉字，更是能从不同的角度学习汉字，发掘汉字背后的文化底蕴。】

2. 学生作品展示

学生进行作品展示，教师进行点评。

续表

教学特点（教学反思）

　　在基本课程学习中，书法学科以"一课一字、一字多得"为基本理念。但是由于课堂时间的有限，一节课一个汉字，从文化到学习例字书写再到完成作品，并不能够对一个例字有深入的认识，学生只是简单地对要学习的例字有一个了解，掌握基本写法。

　　在全景课程的学习中，学习一个"车"字、一个"玉"字，一个字就能够学习三节课或者更多，更加详细全面地挖掘了深厚的文化。学生对汉字不再机械地书写，不再片面认识。

　　对学生已有的能力进行提升与拓展。书法学科，日常课程学习以楷书为主，在全景课程中，加入行书的书写练习。思考例字在各学科之间的关系，从各个角度对主题例字进行文化、德育学习渗透，这样激发学生对中国汉字文化的学习热情。查阅资料，从本学科角度研究主题例字背后的文化内涵，包含字形演变、例字书写、五体区分、多形式作品赏析。

　　本节课让学生从不同的书法作品形式入手，激发学生对书法的学习热情，真正做到了一课一字、一字多得。

第三章

拓展阅读

　　为了更好地践行"全景"理念，我们选取统编教材中部分汉语拼音、识字与写字、现代诗歌、古诗、寓言和童话故事等篇章，以新课程标准为依据，多角度、全方位遴选出与其相匹配的精美作品进行拓展阅读，并在这些作品后设置几大阅读练习板块（如基础闯关、实力挑战、快乐练笔、阅读链接等），题目由易到难，形式多样，切实达到拓宽视野，提升阅读能力，提高语文素养的目的。

第一节　拼音和识字

《ɡ k h》拓展阅读

ɡ

哥哥画小鸭，

小鸭叫嘎嘎，

嘎嘎叫来大青蛙，

青蛙打鼓不打瓜。

K

小兔可可穿花裤，

渴了拎起咖啡壶，

阔步来到大水库，

直夸蝌蚪长得酷。

h

小河流水哗哗哗，

小鸭戏水嘎嘎嘎，

青蛙跳水呱呱呱，

小孩儿踩水笑哈哈。

基础闯关

1. 比一比，写一写。

q—g　　h—n　　k—b

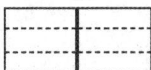 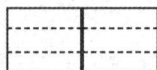 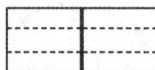

2. 拼一拼，写一写。

g — ǔ → ☐　　　　k — ǎ → ☐

h — ǔ → ☐　　　　k — u — à → ☐

h — u — à → ☐　　☐ — ☐ — ☐ → guà

3. 拼一拼，读一读，在三拼音节下面打"√"。

　gē　　　huà　　　kuà　　　kǔ　　　hú　　　guǒ

实力挑战

1. 根据儿歌判断对错。

（1）蝌蚪长得酷。　　（　　）

（2）哥哥画小鸭。　　（　　）

2. 将图片和对应的音节与词语连起来。

lǎo hǔ　　　　　kē dǒu

老 虎　　　　　蝌 蚪

阅读链接

　　《ｇｈｋ》这首儿歌又有节奏又有意思，《小花鼓》这首儿歌也很有意思，我们快来读读吧！

小花鼓

一面小花鼓，

鼓上画老虎。

小槌敲破了鼓。

妈妈用布补，

不知是布补鼓，

还是布补虎。

《zh ch sh r》拓展阅读

z 加椅子 zh　 zh　 zh,

c 加椅子 ch　 ch　 ch,

s 加椅子 sh　 sh　 sh,

禾苗向日 r　 r　 r。

基础闯关

1. 看图写声母。

_____　 _____　 _____　 _____

2. 读一读，分一分。

zh　 shi　 chi　 sh　 ch　 zhi

声母：_____　 整体认读音节：_____

3. 看图，在正确的音节后面画"√"。

{ zhí shù
{ zhí sù

{ shù zhī
{ sù zhī

{ rè cá
{ rè chá

实力挑战

1. 儿歌中的椅子是指_____。

2．根据儿歌填一填。

　　z 加椅子（　　），c 加椅子（　　），s 加椅子（　　）。

阅读链接

　　通过这首儿歌你们认识 zh ch sh r 了吗？下面儿歌里的小朋友是怎样学习的呢？快来读一读吧！

小书包

小书包，装文具，

同学们，要牢记，

上学用品要带齐，

丁零零，放学了，

收拾整齐按顺序，

背上书包回家去。

《ang eng ing ong》拓展阅读

星期天，

天气晴，

小朋友们放风筝。

有蜜蜂，

有长龙，

还有一只大老鹰。

基础闯关

1. 比一比，写一写。

2. 看图写出音节。

m____f____   ch____l____   l____y____

实力挑战

1. 根据儿歌判断对错。

（1）小朋友星期六去放风筝。   （   ）

（2）小朋友在晴天放风筝。   （   ）

2. 想一想。

天空中的风筝，除了有"蜜蜂、长龙、老鹰"，还可能有_____。

（可以写音节）

阅读链接

　　白天的天空中有各种各样的风筝，晚上天空中又会有什么呢？一起读读《小星星》这首儿歌，看看夜晚的美景吧！

小星星

　　夜里，小星星从云里钻出来，一会儿跑到院里翻跟头，一会儿溜进山里捉迷藏，还潜入湖里捞鱼虾。

　　我说，小星星呀，你们总爱玩到天亮，白天上课不觉得困吗？

《猜字谜》拓展阅读

人在木旁要"休"息。

手在木上"采"东西。

田上草，幼"苗"绿。

用手分物要"掰"开。

基础闯关

1. 我能照样子把"东、西"这两个字写好。

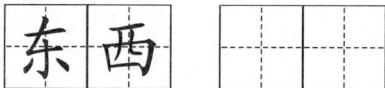

东	西		

2. 文中有两个带有木字旁的字"休"和"采"，你还知道哪些带有木字旁的字，写出一个并组词。

＿＿＿（　　　　　）

3. 猜一猜这是什么字，先写字，再组词。

＿＿＿（　　　　　）

实力挑战

1. 你猜出文中的4个字谜了吗？用"○"圈出来。

2. 你还知道哪些字谜，写在括号里。

（　　　　　　　　　　　）

阅读链接

通过上面儿歌，我们学会了用字形猜字意，下面这首小儿歌，说的是什么字呢？请你猜一猜。

猜字谜

太阳哥，月亮弟，

轮流值班照大地。

哥在西边还没走，

弟在东边已升起。

哥俩亲热靠一起，

一片风景好美丽。

谜底：（　　　）

《小青蛙》拓展阅读

客人到家我说请

青加三点变成清，

小河弯弯水清清。

青加日字就是晴，

日出东海天气晴。

青字有心就成情，

天天上学好心情。

（选自北京版一年级下册）

基础闯关

1. 我能照样字把"心情"写好。

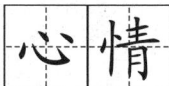

心	情			

2. 我会按要求填空。

　"青"共（　　）笔，第五笔是（　　　）。

3. 给青字加上不同的偏旁，组成新字再组词。

　青（　　）（　　　　）

　青（　　）（　　　　）

　青（　　）（　　　　）

　青（　　）（　　　　）

实力挑战

1. 儿歌中有（　　）个青字族的字，用○圈出来。

2. 选字填空。

　请　青　晴　清　情

（　）坐　　　　（　　）山　　　　（　）水

感（　）　　　　（　）天

3. 根据儿歌内容判断对错。

（1）"请"字的言字旁代表说话，和语言有关。　　　　　　（　　）

（2）"晴"字的日字旁代表太阳。　　　　　　　　　　　　（　　）

4. 你还知道哪些青字族的字，写在横线上。

_____

快乐练笔

儿歌中提到了"天天上学好心情"，你还有什么时候心情好，写一句话。

例：得到了老师的表扬，我的心情很好。

_____

_____

阅读链接

学习了青字族的字之后，再来让我们看看包字族的字吧！

包字歌

小小包字真奇妙，

和谁都能靠一靠。

三点水旁靠着包，

我和姐姐吹泡泡。

提手旁靠着包，

我和妈妈抱一抱。

足字旁靠着包，

我和爸爸跑一跑。

食字旁靠着包，

妈妈做饭我吃饱。
月字旁靠着包，
台湾澳门是同胞。
火字旁靠着包，
新春佳节放鞭炮。
衣字旁靠着包，
我过生日穿新袍。
刀字旁靠着包，
刨根问底好动脑。
雨字头靠着包，
天上下起大冰雹。

《操场上》拓展阅读

锻炼身体

操场上，真热闹，

小弟弟，把绳跳。

（　　）得快，长得高。

篮球场，真热闹，

大哥哥，（　　）篮球，

先（　　）球，再（　　）球。

足球场，真热闹，

我们一起（　　）足球。

你跑我追跟得上，

练好身体保国家。

基础闯关

1. 我能照样字把"拍打"写好。

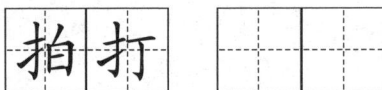

拍	打		

2. 我会按要求填空。

"身"共（　　）笔，第6笔是（　　）。

3. 给下面的字加上偏旁，组成新字再组词。

本（　　）（　　　）　丁（　　）（　　　）

白（　　）（　　　）　包（　　）（　　　）

实力挑战

1. 将正确答案前的序号，填在短文中的括号里。

①踢　②打　③拍　④投　⑤跳

2. 儿歌中有（　　　）种体育项目，用"○"圈出来。

3. 根据儿歌判断对错，对的画"√"，错的画"×"。

　　（1）提手旁的字和手有关，一般都是表示动作的词。　　　　（　　　）

　　（2）足字旁的字和脚有关，一般都是表示动作的词。　　　　（　　　）

4. 你还知道哪些提手旁的字，写在横线上。

_____

5. 你还知道哪些足字旁的字，写在横线上。

_____

快乐练笔

　　儿歌中提到了不少体育项目，写一两句话来形容你喜欢的体育项目吧。

　　例：我喜欢打羽毛球。打羽毛球可以锻炼身体，还能让我心情愉快。

_____

_____

阅读链接

　　小朋友们，汉字的结构虽然很复杂，却很有规律，下面是一首部首歌，让我们就来读一读吧。

部首歌

金少两点金字旁，千锤百炼铁成钢。

一棵树，木字旁，杨柳青松小白杨。

两滴水珠两点水，冰凉冷冻都来陪。

三滴水珠三点水，江河湖海都是水。

小小火苗火字旁，灿烂辉煌放光芒。

一堆土，提土旁，黄土墙外小池塘。

一只手，提手旁，摸爬滚打苦难扛。

小姑娘，女字旁，姐姐妹妹忙梳妆。

第二节　现代诗歌

《找春天》拓展阅读

春的消息

风，摇绿了树的枝条，

水，漂白了鸭的羽毛，

盼望了整整一个冬天，

你看，春天已经来到！

让我们换上春装，

像小鸟换上新的羽毛，

飞过树林，飞上山冈，

到处有春天的欢笑。

看到第一只蝴蝶飞，

它牵引着我的双脚；

我高兴地捕捉住它，

又爱怜地把它放掉。

看到第一朵雏（chú）菊开放，

我会禁不住欣喜地雀跃，

小花朵，你还认得我吗？

你看我又长高了多少！

来到去年叶落的枝头，

等待它吐出新的绿苞；

再去唤醒沉睡的溪流，

听它唱歌，和你一起奔跑。

走累了，我就躺在田野上，

是谁搔（sāo）痒（yǎng）了我的面颊（jiá）？

啊，身边又钻出嫩绿的小草……

（作者：金波）

基础闯关

1. 我能按要求填空。

　　"绿"共（　　　）笔，第8笔是（　　　　）。

2. 我能照样字把"春装"写好。

春 装　｜　　　｜　　　｜

3. 给下面的字选择正确的读音。

　　山冈（gǎng　gāng）　　　　田野（yě　yiě）

　　奔跑（bēn　bèn）　　　　面颊（xiá　jiá）

4. 你学过哪些带有木字旁的字？写在下面的横线上并组词。

　　___（　　　　）___（　　　　）___（　　　　）

　　___（　　　　）___（　　　　）___（　　　　）

实力挑战

1. 第一节中哪些词语表达了孩子们渴望和欣喜的感情？在文中圈一圈。

2. 用"﹏﹏"画出诗歌中的一个比喻句。这句话中，把_____比喻成_____。

3. 诗歌每一节中都有表现"春的消息"的词语，请找出3～4个来，写在下面的横线上。

4. 生活中，你还找到了哪些春的消息呢？和同学说一说。

快乐练笔

　　春天来了，万物复苏。你看小草偷偷钻出了土地，柳树悄悄吐出了嫩芽，就连风婆婆也变得格外温柔……细心观察的你，一定发现了许多春的消息，快点拿起笔，写一写吧！

阅读链接

　　孩子们，《春的消息》作者是金波，他是我国著名的作家，写过很多孩子们所喜爱的故事和诗歌。我们在音乐课上学的《海鸥》《小鸟小鸟》《啊，樱花》都是他为小朋友们写的呢！爱唱歌的孩子们快快读读《金波诗词歌曲集》，如果你能把这些歌都唱出来就更棒了！

小鸟小鸟

作词：金波

春天里，有阳光，树林里，有花香。

小鸟小鸟，你自由地飞翔。

在田野，在草地，在湖边，在山冈，

小鸟小鸟，迎着春天歌唱。

啦啦啦啦啦，啦啦啦啦啦啦啦。

啦啦啦，啦啦啦，啦啦啦啦啦啦啦啦。

爱春天，爱阳光，爱湖水，爱花香。

小鸟小鸟，我的好朋友。

让我们一起飞翔歌唱，一起飞翔一起歌唱。

啦啦啦啦啦，啦啦啦啦啦啦啦。

啦啦啦，啦啦啦，啦啦啦啦啦啦啦啦。

《雷锋叔叔，你在哪里》拓展阅读

给雷锋叔叔的诗

雷锋叔叔，

你离开我们已很久很久，

可你留下的故事却很多很多。

你背伙伴趟过小河，

你扶大娘坐上火车，

你冒雨送大嫂和孩子回家，

你到工地去干活。

啊，雷锋叔叔，

你的故事讲也讲不完。

雷锋叔叔，

你教会我很多很多。

我会在公共汽车上给老人让座，

我会把受伤的小鸟送回鸟窝，

我会看见垃圾主动捡起，

我会帮助同学解答疑惑（huò）。

啊，雷锋叔叔，

你离开我们已经很久很久，

但是你的名字永远在我心中。

你离开我们已经很久很久，

但是你的精神永远留在人间。

（选文来源于网络）

基础闯关

1. 我能按要求填空。

"精"共（　　）笔，第9笔是（　　　）。

2. 我能照样字把"雷锋"写好。

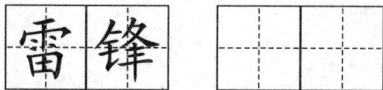

雷锋

3. 在正确的读音下打"√"

啊（à á），雷锋叔叔，你离开我们已经很久很久。

雷锋叔叔，你教（jiào jiāo）会我很多很多。

4. 照样子写词语。

例：很多很多

（　　　　　　　）　（　　　　　　　　）

实力挑战

1. 根据短文内容填空

雷锋叔叔背伙伴_____，扶大娘_____，

送大嫂和孩子_____，我给老人_____，

把小鸟_____，看见垃圾_____。

2. 你平时会帮助别人做些什么呢？写一写。

我会（　　　　　　　），我会（　　　　　　），

我会（　　　　　　）。

3. 想想雷锋精神指的是什么精神？生活中你有哪些事体现了雷锋精神？写在下面的横线上。

_____

_____

4. 请爸爸妈妈给你讲一讲雷锋的故事，然后你再讲给同学听。

快乐练笔

雷锋是我们的好榜样，雷锋是一种精神的存在，人们都把乐于助人的人称为"活雷锋"，你身边有没有这样的小雷锋呢？快把他的故事分享给我们听听吧！

_____

_____

_____

阅读链接

课文和选文分别讲述了雷锋的故事，雷锋到底是个怎样的人，他又有怎样传奇的一生呢？也许雷锋的日记会让你进一步了解他。大家快去读读《雷锋日记》吧！

如果你是一滴水，你是否滋润了一寸土地？如果你是一线阳光，你是否照亮了一分黑暗？如果你是一颗粮食，你是否哺育了有用的生命？如果你是一颗最小的螺丝钉，你是否永远守在你生活的岗位上？如果你要告诉我们什么思想，你是否在日夜宣扬那最美丽的理想？你既然活着，你又是否为了未来的人类生活付出你的劳动，使世界一天天变得更美丽？我想问你，为未来带来了什么？在生活的仓库里，我们不应该只是个无穷尽的支付者。

（节选自《雷锋日记》）

《千人糕》拓展阅读

假如……

假如我是一颗种子，

就把心儿贴着土壤（rǎng）妈妈，

在她温暖的怀抱吸收养料。

迎着亮晶晶的雨点说话：

"下吧，下吧！春雨姐姐，

我要生根，我要发芽！"

假如我是一片绿叶，

就用绿色编织青春的年华。

悄悄当一辈子配角，

衬托万紫千红的百花。

让幸福与甜蜜藏进苞蕾（lěi）。

迎春花儿像燃烧的火把。

假如我是一朵小花，

就将花瓣（bàn）化作初放的朝霞（xiá）。

花儿带着理想和希望永远开放，

醉人的清香飘向天涯。

让阳光映照着我红扑扑的笑脸，

我要溶入祖国春光明媚（mèi）的图画！

（选文来源于网络，选入时有改动）

基础闯关

1. 我能按要求填空。

"脸"共（　　　　）笔，第八笔是（　　　　）。

2. 我能照样字把"绿色"写好。

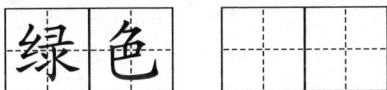

绿 色

3. 照样子写词语。

亮晶晶　　_____　_____　_____

万紫千红　_____　_____　_____

实力挑战

1. 文中共有（　　　　）句话。

2. 诗歌中作者把自己想象成了____、____、____。

3. 从文中找出合适的词语填在下面的（　　　　）里。

（　　　　）的笑脸　（　　　　）的朝霞　（　　　　）的火把

（　　　　）的百花　（　　　　）的怀抱　（　　　　）的雨点

4. 用"假如……就……"说一句话。

假如_____就_____

快乐练笔

假如你会变，你想成为什么？仿照这首诗写一小节。

_____

_____

_____

阅读链接

因为想象，你会对生活充满了好奇；因为想象，你会有自己的一个小小的世界；因为想象，你会对某种事物痴（chī）迷。课文和选文里小作者的想象让我们打开眼界，下面的这篇文章里的想象更有新意，快点读一读吧！

　　"主人，看！"机器人拿着一把崭（zhǎn）新的伞说，"你的发明太棒了！这伞竟然能伸缩（suō）、灭火、播音乐、照明、扇风……"我一定得一一见识一下。

　　伞能伸缩。只要按一下 1 号按钮（niǔ），伞就撑开了，它能根据需要调整大小；打开时像一朵欣然怒放的鲜花，即使八个人，也不会淋到雨。只要按一下 2 号按钮，伞就缩小。简直太方便了！

　　伞能灭火。伞上装有灭火感应器，发生火灾时，伞就会朝火的方向喷射出大量的二氧化碳（tàn），把火扑灭。如果火势太大，它还能开启保护罩，保护主人和"自己"的安全。简直太神奇了！

　　伞能播放音乐。伞上有个音乐按钮，只要按一下，就会弹出一个小盒子，里面有许多按键（jiàn），能听到悠扬悦耳的歌声。有小朋友喜欢的儿童歌曲，有年轻人喜爱的流行音乐，有老人怀旧的歌仔戏、高甲戏。不错吧！简直太不可思议了。

　　伞能照明。如果你走在漆黑的路上，只要按一下 3 号按钮，伞柄上的手电筒马上会照射出明亮的光，照亮你眼前的道路，保管让你拍手叫好，"英勇无畏"地向前走。简直太敞亮了！

　　伞能扇风。当你走在酷热的"阳光大道"上，热得满头大汗时，只要把伞上的扇叶轻轻一转，扇叶就会骨碌碌地转动，一阵阵凉爽的风马上向你吹来，保证让你心旷（kuàng）神怡（yí）。简直太舒服了！

　　这就是我发明的伞。我，还有许多发明，请跟我到 2050 年的"中国梦"看看吧！

《要是你在野外迷了路》拓展阅读

大自然的语言

你看那天上的白云，

这就是大自然的语言。

若白云飘得高高，

明天准是个晴天。

你看那地上的蚂蚁，

这也是大自然的语言。

若蚂蚁忙着搬家，

出门就要带好雨伞。

蝌蚪在水中游泳，

不就像黑色的"逗点"？

大自然在水面写着：

春天已到人间。

大雁集队南飞，

不就是"省略号"一串？

大自然在蓝天写着：

秋天已在眼前。

如果你砍倒大树，

就会把"年轮"发现；

一年只长一圈，

计算起来方便。

如果你捕到大鱼，

鱼鳞（lín）上也有圈圈，

一圈就是一岁，

从不把人欺骗。

大自然的语言啊，

真是妙不可言！

懒（lǎn）汉永远看不懂，

粗心的人怎么能发现？

（选文来源于网络，选入时有改动）

基础闯关

1. 我能按要求填空。

"妙"共（　　　）笔，第四笔是（　　　　）。

2. 我能照样字把"语言"写好。

语 言

3. 根据短文内容填空。

_____的语言　　_____的蚂蚁

实力挑战

1. 本文介绍了大自然的（　　　）种语言。

2. 根据短文内容选择合适答案，将序号填在"____"上。

白云飘得高高____，蚂蚁忙着搬家____，蝌蚪在水中游泳____，大雁集队南飞____。

① 春天到了　　② 晴天　　③ 下雨　　④ 秋天到了

3. 年轮的一圈代表（　　　），鱼鳞上的一圈代表（　　　），请你在文中用＿＿＿画出相关语句。

4. "逗号"指的是＿＿＿＿，"省略号"指的是＿＿＿＿。

5. 为什么说粗心的人不能发现呢？

_____

快乐练笔

小朋友，你还知道哪些大自然的语言？快把你想说的写成一首小儿歌吧。

你看那（　　　　　　　），

这就是大自然的语言　。

如果＿＿＿＿＿＿＿＿＿，

＿＿＿＿＿＿＿＿＿＿＿＿。

阅读链接

课文和选文让我们通过大自然的语言了解一些自然现象，感受大自然的奇妙，使我们产生了热爱大自然的兴趣。《世界100个自然奇观》这本书向我们介绍了雄奇峻（jùn）伟的喜马拉雅山，一望无垠（yín）的撒（sā）哈拉沙漠，面积与法国相当的南极洲罗斯冰架，世界最深的伤痕（hén）东非大裂谷，保存完整的西非原始森林，世界最大的天然海洋公园大堡（bǎo）礁（jiāo）……同学们快来读一读吧！

巧克力山是位于菲律宾保和岛中部的一些圆头小山，是世界十大地质奇迹之一，由1268个圆锥形小山丘组成，高度从十几米到一百多米不等。

一个英国教师来到这里，看到旱季的小山因为草被晒成了咖啡色，犹如一排排咖啡色的巧克力放在大地上，所以就叫它巧克力山。后来，这个名字广为流传。

（节选自《世界100个自然奇观》）

第三节　古诗

《山行》拓展阅读

山居秋暝

〔唐〕王维

空山新雨后，天气晚来秋。

明月松间照，清泉石上流。

竹喧归浣女，莲动下渔舟。

随意春芳歇，王孙自可留。

注解：

暝（míng）：日落，天色将晚。空山：空旷，空寂的山野。

新：刚刚。清泉石上流：写的正是雨后的景色。

竹喧：竹林中笑语喧哗。喧：喧哗，这里指竹叶发出沙沙声响。

浣（huàn）女：洗衣服的姑娘。浣：洗涤衣物。

随意：任凭。春芳：春天的花草。歇：消散，消失。

王孙：原指贵族子弟，后来也泛指隐居的人。留：居。

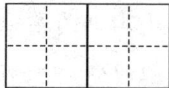

基础闯关

1. 照样子规范、端正地写好"清、泉"这两个字。

清	泉		

2. "舟"字共有（　　）笔，其中第四笔是（　　）。

3. "竹喧归浣女"其中"喧"的意思是＿＿＿＿＿＿＿；"浣"的意思是＿＿＿＿＿＿＿。

实力挑战

1. 这首古诗描写的季节是（   ）。

2. 你还学过哪些描写秋天的古诗，试着写出来两句。

　　　_____，_____。

　　　_____，_____。

3. 结合注释的内容，想象诗中描绘的画面，把你头脑中印象最深的一幅画面描述出来。

_____

_____

_____

4. 连线。

　　《赠刘景文》　　　　杜　牧　　　　最是橙黄橘柳时

　　《夜书所见》　　　　苏　轼　　　　夜深篱落一灯明

　　《山居秋暝》　　　　叶绍翁　　　　霜叶红于二月花

　　《山行》　　　　　　王　维　　　　王孙自可留

5. 诗中哪些景物是静态的，哪些景物是动态的。

　　"静"景的诗句_____

　　"动"景的诗句_____

快乐练笔

　　本单元学习了很多描写秋天的文章，请以《家乡的秋天》为题目，写一小段话。虽然不用很长，但是一定是自己的所观、所想……

_____

_____

_____

《夜宿山寺》拓展阅读

望天门山

〔唐〕李白

天门中断楚江开，碧水东流至此回。

两岸青山相对出，孤帆一片日边来。

基础闯关

1. 我能按要求填空。

    "流"共（   ）笔，第七笔是（   ）。

2. 我能照样子把"碧、水"这两个字写好。

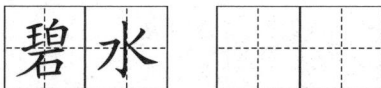

碧	水		

3. 我能从文中找出一组近义词。

    （   ）——（   ）

实力挑战

1. 我能把诗句补充完整。

    两岸（   ）（   ）   相 （   ）（   ），

    孤帆（   ）（   ）（   ）（   ）（   ）。

2. 诗中共写了哪几种景物？请你把它们圈出来。

3. 我能为古诗配一幅画

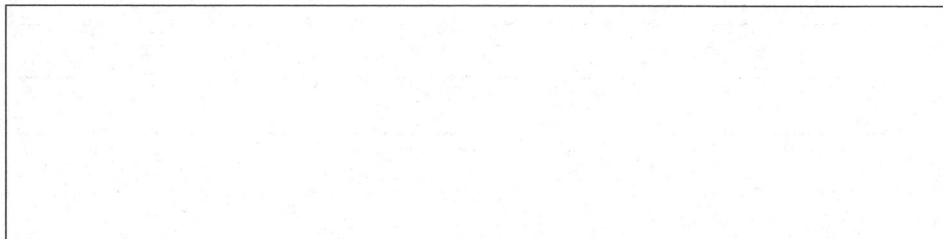

阅读链接

　　李白，字太白，号青莲居士，唐朝浪漫主义诗人。李白一生写了千余篇诗文，被人们誉为"诗仙"。你还想诵读更多的李白的诗文吗？快来读读下面两首吧！

早发白帝城

〔唐〕李白

朝辞白帝彩云间，千里江陵一日还。

两岸猿声啼不住，轻舟已过万重山。

赠汪伦

〔唐〕李白

李白乘舟将欲行，忽闻岸上踏歌声。

桃花潭水深千尺，不及汪伦送我情。

《敕勒歌》拓展阅读

赋得古原草送别

〔唐〕白居易

离离原上草，一岁一枯荣。

野火烧不尽，春风吹又生。

远芳侵古道，晴翠接荒城。

又送王孙去，萋萋满别情。

基础闯关

1. 我能按要求填空。

   "野"共（　　）笔，第九笔是（　　　）

2. 我能照样子把"春、风"这两个字写好。

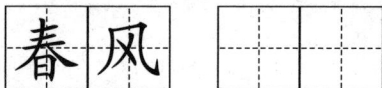

春 风

3. 我能从文中找出下面词语的反义词。

   死——（　　　）　　近——（　　　）　　阴——（　　　　）

实力挑战

1. 我能把诗句补充完整。

   野（　　）烧（　　）（　　），春风（　　）（　　）（　　）。

2. 文中的野草是什么样子？用"＿＿＿"画下来。

3. 这首诗表达的思想感情是（　　）。

   A.热爱野草之情　　　B.思念王孙之情　　　C.送别朋友的依依不舍之情

阅读链接

　　白居易，字乐天，晚年号称香山居士，是唐朝伟大的现实主义诗人。白居易的诗歌语言平易通俗，有"诗魔"和"诗王"之称。代表诗作有《长恨歌》《琵琶行》《卖炭翁》等。你还想了解白居易的其他古诗吗？那就快来诵读吧！

忆江南

〔唐〕白居易

江南好，

风景旧曾谙。

日出江花红胜火，

春来江水绿如蓝。

能不忆江南？

大林寺桃花

〔唐〕白居易

人间四月芳菲尽，

山寺桃花始盛开。

长恨春归无觅处，

不知转入此中来。

《咏柳》拓展阅读

桑茶坑道中

〔南宋〕杨万里

晴明风日雨干时，

草满花堤水满溪。

童子柳阴眠正着，

一牛吃过柳阴西。

基础闯关

1. 我能按要求填空。

"童"共（　　　）笔，第十笔是（　　　）。

2. 我能照样字把"柳阴"写好。

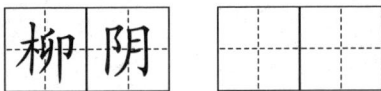

柳 阴 ｜

3. 看到"草满花堤"这个词语，你想象到了怎样的画面？画在下面的方框里。

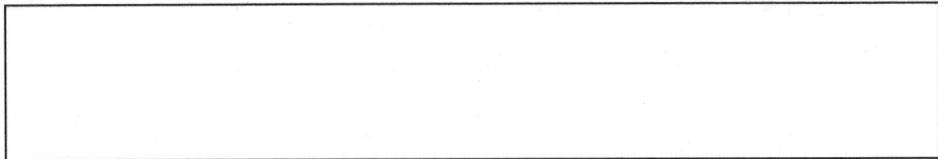

实力挑战

1. 按原文填空。

晴明风日（　　　　），草满花堤（　　　　）。

童子柳阴（　　　　），一牛吃过（　　　　）。

2. 根据对古诗的理解填空。

这首诗描写的是（　　　）时节的诗，我是从"（　　　　　　　　　），

（ ）"这句诗中感受到的。

3. 下列诗句中，（ ）也是描写夏日景色的诗句。

A. 接天莲叶无穷碧，映日荷花别样红。

B. 秋阴不散霜飞晚，留得枯荷听雨声。

C. 天街小雨润如酥，草色遥看近却无。

D. 墙角数枝梅，凌寒独自开。

快乐练笔

诗中的小朋友在树荫下睡着了，多么惬意啊！关于夏天你有哪些快乐的回忆？你最喜欢在夏天做什么？为什么？请拿起你手中的笔，向我们介绍一下你最快乐的时光吧！

_____

_____

_____

阅读链接

杨万里，南宋著名文学家、爱国诗人，一生力主抗金，收复失地，被誉为一代诗宗。他的很多诗都选入了我们的小学课本中，请大家欣赏他笔下夏季的美丽景象。

晓出净慈寺送林子方　　　　　　　　　小池

〔宋〕杨万里　　　　　　　　　　　　〔宋〕杨万里

毕竟西湖六月中，　　　　　　　　　泉眼无声惜细流，

风光不与四时同。　　　　　　　　　树阴照水爱晴柔。

接天莲叶无穷碧，　　　　　　　　　小荷才露尖尖角，

映日荷花别样红。　　　　　　　　　早有蜻蜓立上头。

《村居》拓展阅读

杨柳枝词

〔唐〕白居易

一树春风千万枝，

嫩于金色软于丝。

永丰西角荒园里，

尽日无人属阿谁？

基础闯关

1. 我能按要求填空。

　　"诗"共（　　　）笔，第六笔是（　　　　）。

2. 我能照样字把"杨柳"写好。

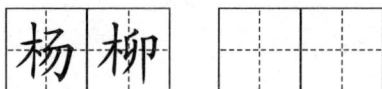

杨	柳			

3. 请你写出几个描写春天的四字词语。

_____

实力挑战

1. 按原文填空。

　　一树春风（_____），嫩于金色（_____）。

　　永丰西角（_____），尽日无人（_____）？

2. 这棵柳树长什么样？你想用哪几个词来概括它的特点？

_____

_____

3. 你还会背其他描写春天的诗吗？写在下面的横线上。

快乐练笔

春天是个多美的季节呀！请你用一首诗或一段话来描绘一下春天里你看到的美丽画面吧！

_____

_____

阅读链接

课文中的古诗和选文中的古诗来源于《唐诗三百首》，在这本书里还有好多描写夏天、秋天、冬天的古诗，快去领略诗人眼中多彩的四季吧。

采莲曲	山行	别董大
〔唐〕王昌龄	〔唐〕杜牧	〔唐〕高适
荷叶罗裙一色裁，	远上寒山石径斜，	千里黄云白日曛，
芙蓉向脸两边开。	白云生处有人家。	北风吹雁雪纷纷。
乱入池中看不见，	停车坐爱枫林晚，	莫愁前路无知己，
闻歌始觉有人来。	霜叶红于二月花。	天下谁人不识君。

第四节　寓言

《大禹治水》拓展阅读

愚公移山

北山有一位叫愚公的人，年纪将近九十岁，靠着山居住。他苦于大山北面交通不便，进进出出都要绕远路，就召集全家来商量说："我跟你们尽全力铲除险峻的大山，使道路一直通向豫州的南部，到达汉水南岸，可以吗？"大家纷纷表示赞成。他的妻子提出疑问说："凭借您的力气，连魁父这座小山都不能削平，能把太行、王屋这两座山怎么样呢？况且把土石放到哪里呢？"众人纷纷说："我们可以把它扔到渤海的边上去，隐土的北面。"于是愚公率领子孙中能挑担子的几个人，凿石挖掘泥土用箕畚装了土石运到渤海的边上。邻居京城氏的寡妇有个孤儿，才七八岁，也蹦蹦跳跳前去帮助他们。冬夏换季，才往返一次。

河湾上一位聪明的老头讥笑愚公并制止他干这件事，说："你太不聪明了！就凭你衰残的年龄和剩下的力量，连山上的一棵草都不能损坏，又能把这两座大山上的土石怎么样呢？"北山愚公长叹说："你思想顽固，顽固到了不可改变的地步，连孤儿寡妇都比不上。即使我死了，我还有儿子在；儿子又生孙子，孙子又生儿子；儿子又有儿子，儿子又有孙子；子子孙孙没有穷尽，然而山却不会加大增高，愁什么挖不平？"聪明的老头没有话来回答。

拿着蛇的山神听说了这件事，怕愚公他们不停地挖下去，将这件事告诉了天帝。天帝被他的诚心所感动，命令大力神夸娥氏的两个儿子背负着两座山，一座放在朔东，一座放在雍南。从此，冀州的南部，（到）汉水南岸，没有山冈高地阻隔了。

基础闯关

1. 我能按要求填空。

"年"共（　　　）笔，第三笔是（　　　）。

2. 我能照样子把"居、住"这两个字写好。

居 住

3. 从文中选择恰当的词语填空。

提出（　　　）　　挖掘（　　　）

实力挑战

1. 把"邻居京城氏的寡妇有个孤儿，才七八岁，也蹦蹦跳跳前去帮助他们。"这句话中的"才"换个词，写在括号里，使意思不变，并试着用"才"写一句话。

邻居京城氏的寡妇有个孤儿，（　　　）七八岁，也蹦蹦跳跳前去帮助他们。

用"才"造句：

2. 用"＿＿＿"画出愚公移山坚定的语言。

3. 想一想"凭借您的力气，连魁父这座小山都不能削平，能把太行、王屋这两座山怎么样呢？"这句话意思是（　　　）。

A.凭借您的力气，能把太行、王屋这两座山削平。

B.凭借您的力气，不能把太行、王屋这两座山削平。

4. 请你写出一句做事要持之以恒的名人名言。

快乐练笔

《愚公移山》的愚公和《大禹治水》中大禹，都是克服重重困难，坚持不懈，才完成一件了不起的事。生活中，你有没有一件经过自己努力完成的事，用几句话简要地写一写。（要写出自己做了什么事，再写出遇到了什么困难，最后写出困难是怎么解决的。）

阅读链接

　　课文与选文两个中国古代故事，都反映了我国古代劳动人民改造自然的伟大气魄和惊人毅力。中华民族历史悠久，在漫长的历史进程中，发生了许多历史事件，涌现出许多有名的人物。《中华上下五千年》这本书则把这些事和人描写得更加淋漓尽致。岳飞的忠诚，诸葛亮的智慧，夸父的执着……

周武王讨伐商纣

　　周文王见纣王荒淫无道、昏庸残暴，就决定出兵讨伐。但很不幸，周文王不久就生病死了，他的儿子姬发即位，史称周武王。

　　武王十一年，武王命姜太公为大元帅，统率兵车 300 乘，虎贲（冲锋兵、猛士）3000 人，士卒 45000 万人，出兵东进。在距朝歌 170 里的牧野，武王召开了誓师大会，历数纣王的罪行。历史上称此举为"牧誓"。

　　一天，有两个老人突然拦住了大军去路。原来这两人是孤竹国（今河北卢龙）国王的儿子，兄为伯夷，弟叫叔齐。这两人想阻止武王伐纣。他们拉住武王的马缰绳说："纣王是天子，你是臣子。臣子讨伐天子，这是大逆不道啊！"

　　姜太公知道这两人不过是书呆子，就吩咐手下将士不要为难他们，说服他俩离开。哪知这两个人竟想不开，后来躲在首阳山（今山西永济西南）上绝食自杀了。

　　周武王的大军士气旺盛，势如破竹，很快就逼近了朝歌。

（《中华上下五千年》节选）

《狐狸分奶酪》拓展阅读

鹬蚌相争

一只河蚌张开蚌壳，在河滩上晒太阳。有只鹬鸟从河蚌身边走过，用长长的嘴去啄河蚌的肉。河蚌急忙把两片坚硬的壳合上，一下子把鹬鸟的嘴紧紧地钳住了。鹬鸟用尽全身的力气，却怎么也不能把嘴拔出来。蚌也脱不了身，不能回河里去了。河蚌和鹬鸟就争吵起来。鹬鸟瓮声瓮气地说："一天不下雨，两天不下雨，没有了水，回不到河里，你就会干死的！"河蚌也瓮声瓮气地说："一天不放你，两天不放你，你的嘴拔不出去，吃不到东西，你也就会饿死的！"河蚌和鹬鸟吵个不停，谁也不让谁。这时，恰好有个打鱼的人从那里经过，就把它们两个一起捉去了。

这个寓言故事比喻双方相持不下，结果两败俱伤，让第三者得利。

基础闯关

1. 我能按要求填空。

"气"共（　　）笔，最后一笔是（　　）

2. 我能照样子把"两、片"这两个字写好。

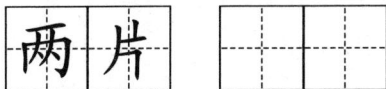

两	片		

3. 下面加点字的读音不正确是（　　）。

A.脱不了（liǎo）　B.长短（cháng）　C.树干（gān）

实力挑战

1. 根据短文内容，填出恰当的词。

（　　　　）地说　　　　（　　　　）地钳住

2. 鹬鸟和河蚌是怎样吵架的？用"＿＿＿"画下来。

3. 鹬和蚌吵个不停是因为（　　）。

A. 鹬鸟去啄河蚌的肉。

B. 河蚌钳住鹬鸟的嘴。

C. 鹬鸟的嘴拔不出来，蚌也不能回河里，谁也不让谁。

4. 鹬蚌相争的后面还有四个字是（　　）。

　　A.渔翁得利　　　B.相持不下　　　C.两败俱伤

5. 这个寓言故事告诉我们什么道理？抄下来。

快乐练笔

　　鹬鸟和河蚌被打鱼人捉了去，它俩都后悔极了。鹬鸟说："（　　　　）。"河蚌也说："（　　　　）。"

阅读链接

　　鹬鸟与河蚌都想致对方于死地，一点也没有考虑到这样做的后果，那么只能是两败俱伤、自食其果了。它们真是太不懂礼让了，都缺少一颗爱"人"之心。它们只知道爱自己，这样做肯定会自取灭亡，所以生活中我们应该有一颗爱人之心。那么你知道关于谦让的名言警句吗？请赶快积累一些警示自己和劝诫别人吧！

　　　　忍一时风平浪静，退一步海阔天空。——《增广贤文》

　　　　舍得，舍得，有舍才有得。——《佛经》

　　　　责人之心责己，恕己之心恕人。——《增广贤文》

《寓言二则》拓展阅读

守株待兔

战国时，有一个宋国的农夫，他每天都到田里辛苦地劳动，来维持全家的生活。

有一天，那个农夫又像往常一样到田里劳动的时候，看到一只跑得非常急的兔子，从草丛中窜（cuàn）出来时，竟然不小心一头撞（zhuàng）死在田边的大树旁。"哇！怎么有这种事？我真是幸运。要是天天有这样的大兔子送上门来的话，不是比耕田的收获更多吗？而且田里的农活儿忙也忙不完，哪有在树下捡兔子来得轻松啊？"农夫心中想着，就捡起兔子回家去了。

从此以后，那个农夫不再耕田了，每天就坐在田边的大树下，等着兔子来撞树。日子一天一天地过去了，他没有等到一只兔子。可是那个农夫仍然不死心，还是每天坐在树下。"哼！我就不相信！今天等不到，明天总会等到吧！"

就这样过了好几个月，不仅没捡到兔子，连兔子的影子都没见着呢！农夫的那几块地，也因为太久没有耕种，都荒芜（wú）了。

（选文来源于《韩非子·五蠹》）

基础闯关

1. 我能按要求填空。

　　"轻"共（　　）笔，第六笔是（　　　）。

2. 我能照样字把"兔子"写好。

兔	子		

3. 将下面的疑问句改成陈述句，使句子的意思不变。

　　要是天天有这样的大兔子送上门来的话，不是比耕田的收获更多吗？

实力挑战

1. 用文中的词语填空。

（　　　）地劳动　（　　　）的农夫　（　　　）的田地

2. 选择：农夫的田地为什么荒芜了呢？（　　　）

A.因为田地里的农活儿太多了，他一个人做不过来。

B.因为农夫天天坐在田地里等待兔子来撞树自杀，不再干农活儿。

C.因为农夫捡了一只兔子，他很高兴，那天没干农活儿。

3. 读了这个故事，你明白了什么道理？（　　　）

A. 每天守在树旁边就能捡到撞死的兔子。

B. 对于意外的收获不要心存侥幸。

4. 你还知道哪些寓言故事呢？在横线上写一写寓言故事的名称。

_____

_____

快乐练笔

《守株待兔》《亡羊补牢》《揠苗助长》都是寓言故事，从中我们明白了很多道理。你最想把其中的哪个故事讲给谁听呢？说清理由。

我想把（　　　）讲给（　　　）听，因为_____

_____

_____

_____

阅读链接

同学们喜欢读寓言，课文和选文恰恰满足了你们的这个要求，但寓言并不是只有这几则，还有很多哦！再来读读吧！

狐狸和葡萄

葡萄架上，垂下几串成熟的葡萄。一只狐狸看见了，馋（chán）得直流口水。他想尽了各种办法去够葡萄，但是白费劲。狐狸感到无望了，只好转身离开。他边走道边回过头来说："这些葡萄肯定是酸（suān）的，不好吃。"

这则故事告诉我们有些人无能为力，做不成事，却偏偏说时机还没有成熟。

狼与鹭（lù）鸶（sī）

狼误吞下了一块骨头，十分难受，四处奔走，寻访医生。他遇见了鹭鸶，谈定酬（chóu）金请他取出骨头，鹭鸶把自己的头伸进狼的喉咙里，叼出了骨头，便向狼要定好的酬金。狼回答说："喂，朋友，你能从狼嘴里平安无事地收回头来，难道还不满足，怎么还要讲报酬？"

这故事说明对坏人行善的报酬，就是认识坏人不讲信用的本质。

小男孩与蝎（xiē）子

有个小孩在城墙前捉蚱（zhà）蜢（měng），一会儿就捉了许多。忽然看见一只蝎子，他以为也是蚱蜢，便用两手去捕捉它。蝎子举起它的毒刺，说道："来吧，如果你真敢这样做，就连你捉的蚱蜢也会统（tǒng）统失掉。"

这故事告诫人们要分清好人和坏人，区别对待他们才可以。

第五节　童话

《雾在哪里》拓展阅读

顽皮的小雨滴

淅沥沥，淅沥沥，顽皮的雨滴娃娃离开了云妈妈的怀抱，一个一个跳到了树上、落到了屋顶上、挤进了草丛里。

它把妹妹的伞当滑梯，站不稳，骨碌骨碌滚下来。

它把清清的池塘当游泳池，纵身一跳，在水面留下圈圈涟漪。

它喜欢躲在路边的土坑里，车轮碾过，它马上蹦得高高的，溅得路人一身泥。

它喜欢在柔柔的沙滩上捉迷藏，一眨眼就不见了，却傻傻地留下颗颗脚印。

淅沥沥，淅沥沥，顽皮的小雨滴唱着歌儿又不知躲哪儿去了。

基础闯关

1. 我能按要求填空。

　　"顶"共（　　）笔，最后一笔是（　　　）

2. 我能照样子把"怀、抱"这两个字写好。

3. 我会连线。

清清的　　　　沙滩

柔柔的　　　　雨滴

顽皮的　　　　池塘

实力挑战

1. 短文共有（　　）个自然段。

2. 我能照样子写词语。

   淅沥沥　（　　　　　）（　　　　　　）

3. 小雨滴的妈妈是（　　）。

   A. 天空　　　　　　B. 云　　　　　　　C. 池塘

4. 小雨滴跳到了（　　），落到了（　　），挤进了（　　）。

   A. 草丛里　B. 屋顶上　　　　　C. 树上

5. 小水滴把（　　）当滑梯，把（　　）当游泳池。

   A. 池塘　　　　　　B. 土坑　　　　　　C. 伞

快乐练笔

　　顽皮的小雨滴还会去哪儿呢？请你仿照二、三段写一写。

_____

_____

阅读链接

　　《顽皮的小雨点》与《雾在哪里》同属"奇妙的大自然"主题，它让我们感受到大自然的神奇，为我们分享大了自然的美妙。小露珠也是大自然中的一员，它会给我们带来哪些奇妙的景象呢？

小露珠的梦

　　清晨，小露珠在小草的叶子上滚动，像一颗闪亮的珍珠。

　　太阳从东方慢慢地升起来了。小露珠说："太阳公公，您早！您从什么地方来？"

　　太阳公公说："我从遥远的大海上来！"

小露珠问："大海美吗？"

太阳公公说："美极了！海水湛蓝湛蓝的，鱼儿在大海里游来游去，海鸥在海面上自由地飞翔……"

"我能到大海去看看吗？"小露珠昂着脸问。太阳公公说："当然可以。不过，你要经过长途跋涉，历尽千辛万苦！"

小露珠点点头说："我不怕！"

太阳越升越高，天气越来越热了。

小草对小露珠说："小露珠，快到我叶子下面躲躲吧！"

"不，我要随太阳公公去看大海！"

不久，小露珠从小草上消失了。她变成了蒸气，升上了天空。

后来，小露珠又变成了小雨滴，落进清澈的小溪，流进奔腾的大河。河水载着小露珠，流向了一望无际的大海……

《小马过河》拓展阅读

我们靠自己

小蜗牛有一天问他的妈妈："妈妈！为什么我们从生下来，就要背这个又重又硬的壳呢？真是累死了！"

"因为我们的身体没有骨骼（gé）的支撑，只能爬，爬又爬不快。"妈妈说。

"毛虫姐姐没有骨头，也爬不快，为什么她却不用背这个又重又硬的壳呢？"

"因为毛虫姐姐能变成蝴蝶，天空会保护她。"

"可是蚯蚓弟弟没有骨头，也爬不快，更不会变，他为什么不背这个又重又硬的壳呢？"

"因为蚯蚓弟弟会钻土，大地会保护他。"

小蜗牛哭了起来："我们好可怜，天空也不保护，大地也不保护。"

"所以我们有壳啊！"蜗牛妈妈安慰（wèi）他说，"我们不靠天，也不靠地，我们靠自己。"

（选文来源于网络）

基础闯关

1. 我能按要求填空。

   "空"共（　　　）笔，第5笔是（　　　　）。

2. 我能照样字把"保护"写好。

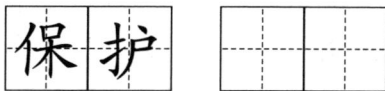

保	护		

3. 照样子，写一写

   （又重又硬）的壳

   （　　　　）的苹果　　（　　　　）的皮球

实力挑战

1. 短文一共有（　　　）个自然段。

2. 认真读短文选择合适答案，将序号填在（　　　）里。

　　蜗牛靠＿＿＿保护，毛虫姐姐靠＿＿＿保护，蚯蚓弟弟靠＿＿＿保护。

　　A.又重又硬的壳　　　B.大地　　　C.天空

3. 根据短文内容连线。

　　毛虫姐姐　　　　　会钻土

　　小蜗牛　　　　　　变成蝴蝶

　　蚯蚓弟弟　　　　　有又重又硬的壳

4. 用"因为……所以……"说一句话。

_____

快乐练笔

　　《我们靠自己》和《小马过河》说明了一个道理：做事情要靠自己，不能光听别人说。你有过这样的感受吗？请举一个生活中的例子来说明一下，试着写一写。

_____

阅读链接

　　相信你读完了《我们靠自己》和《小马过河》，一定明白了其中的道理。《鹌（ān）鹑（chún）和她的孩子们》与上面的两篇文章异曲同工，认真读一读，深刻领会其中的道理并运用到生活中吧！

鹌鹑和她的孩子们

　　一只鹌鹑在麦地中间筑巢（cháo）。当她的孩子们渐渐长大，麦子变黄的时候，她对小鹌鹑们说道："农夫收割麦子的日子快要到了。我现在出去给你们找食。我不在的时候，你们都给我待在巢里别动，小心点儿，别让任何人发现你们。如果那个农夫来了，你们留神他说的话，听他什么时候要割麦子。我们要见机而行。"说完，老鹌鹑便飞走了。

不一会儿，农夫带着他的儿子来到了麦田，察看了一下麦子，然后对儿子说："麦子成熟了，我们该收割了。我明天一早就去邻居那儿，同他们商量，请他们来帮助我们收割。"

又过了一会儿，老鹌鹑嘶（qín）着给孩子们的食物飞回来了，问他们是否听到点什么。一只小鹌鹑回答说："那农夫同他的儿子来过了，他说：明天他要去请邻居来帮助割麦子。"鹌鹑听后说："别怕，这麦子还不会马上割的。因为那些邻居不会那么快就答应帮别人干活的。"

第二天一大早，老鹌鹑又要外出觅（mì）食了，她对小鹌鹑们说："留点神，那农夫准备什么时候割麦子，看是否能听到一些新的消息。"那农夫又来了，对他的儿子说："我看，谁也不会来了。这些邻居都靠不住。我要去同亲戚（qì）朋友谈谈，让他们明天来帮我们收割。这麦子再不割的话，就要烂了。"

当老鹌鹑回家时，小鹌鹑们叽叽喳喳地说："妈妈，快给我们在别的地方筑一个新的巢吧！那农夫明天就要带他的亲戚朋友来割麦子了。"可是，老鹌鹑回答说："亲爱的孩子们，那些亲戚朋友也不会马上到一个外乡的农田里来干活的，所以，你们注意听着农夫明天说的话！"

下一天早上，那农夫和他的儿子又来了，农夫非常伤心地朝麦田扫了一眼，说道："我看，想靠别人的帮助都是不行的，不管是邻居，还是亲戚朋友。这庄稼今天是割不成了。两把锋利的镰（lián）刀已经摆在粮仓里了，明天一早我们两个就开镰。这麦子不能再耽（dān）搁（ge）了。"小鹌鹑马上就把这个新消息告诉了他们的妈妈。老鹌鹑听了说道："瞧，这才是真正的收割时间。我们迁移的时候也到了，寻找别的住所去吧！亲爱的孩子们，起身吧！明天早上我们还待在这里的话，那么我们大家的生命恐怕就保不住了。"

自己的事情要靠自己做，常言说得好——路在自己脚下。

（作者：布·瓦尔迪斯）

《那一定会很好》拓展阅读

小男孩和苹果树

树林里有一棵苹果树。有一个小男孩每天都喜欢来跟苹果树玩。他上树摘苹果吃，在树荫里打盹，他爱这棵苹果树，苹果树也爱他。

时光飞快地过去。小男孩变成了大男孩。有一天，他来到苹果树身旁，他看起来很难过。

"来跟我玩一会吧。"苹果树对他说。

"我不是小孩子了，我不会爬树了，我需要玩具，我需要钱买玩具。"小男孩说。

"对不起，我没有钱。不过你可以把我所有的苹果摘下来拿去卖钱。"苹果树回答他。

小男孩打起精神来，他把所有的苹果摘光了，然后快乐地离去。

摘了苹果后，小男孩再没有来看过苹果树，直到他长成一个男人。一天，他再次回到苹果树这里。

"来跟我玩一会吧。"苹果树对他说。

"我没有时间玩，我要工作来养活我的家庭。我们需要一所房子安身，你能帮助我吗？"男人说。

"对不起，我没有房子。不过你可以砍掉我所有的树枝拿去盖房子。"苹果树回答说。

男人打起精神来，他砍掉了所有的树枝，然后快乐地离去。

<u>看到男人快乐，苹果树也非常快乐，不过男人砍了树枝以后再也没有来看过苹果树。苹果树又孤零零了，它很伤心。</u>

一个炎热的夏日，男人回到苹果树这里。苹果树高兴地发抖。

"来跟我玩一会吧。"苹果树对他说。

"我一天比一天年纪大，我想去航海，让自己放松下来。你能给我一条船吗？"男人问。

　　"用我的树干去做条船吧。你就可以航行到很远的地方，你会快乐的。"

　　于是男人砍了树干做了条船，他真的去航海了，并且很长时间没有回来。

　　很多年以后，男人终于回来了，这时他已经变成了一个老人。

　　"对不起，孩子。"苹果树愧疚地说，"我没有什么可以给你的了，没有苹果给你吃。"

　　"没关系，我牙齿都掉光了，不能咬苹果了。"男人说。

　　"也没有树干给你爬。"苹果树说。

　　"没关系。我太老了，爬不动树了。"男人说。

　　"我真的没有什么可以给你，只剩下我快要枯死的树墩。"苹果树流着眼泪说。

　　"我并不需要什么，只要有个地方能坐下来休息一下，经过这么多年，我太累了。"男人回答。

　　"那好！老树墩是最适合歇息的地方了，过来跟我坐一会儿吧。"苹果树含着眼泪高兴地对男人说。于是男人坐在苍老的树墩上休息了起来，而老树墩就这样一直安静地、知足地陪伴着他……

（作者：瑞乔·M·约翰，选文时有改动）

基础闯关

1. 照样子规范、端正地写好"眼、泪"这两个字。

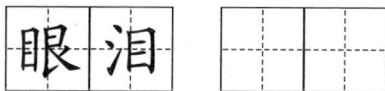

眼 泪

2. 下面词语中，加点字读音不正确的一项是（　　）。

　　A.愧疚（jiū）　　B.树干（gàn）　　C.航行（xíng）

3. 填空。

　　（　　　　　）地离去　　（　　　　　）地说

　　（　　　　　）的树墩　　（　　　　　）的牙齿

实力挑战

1. 联系上下文解释词语。

愧疚：_____

2. 连线。

男孩小时候　　　　　　坐在树墩上休息

男孩变成大男孩　　　　摘光了树上的苹果卖掉买玩具

男孩长成了男人　　　　每天都和苹果树快乐地玩耍

男人再一次回来　　　　砍了树干做了条船

男人变成了老人　　　　砍掉所有的树枝来盖房子

3. 文中划线语句中，当男人砍光树枝后，苹果树很快乐。为什么树枝都没了苹果树会很快乐（　　　），后来为什么又很伤心（　　　）。

A.认为树枝太多不好看　　　B.帮助男人解决了问题

C.后悔把树枝给了男人　　　D.男人走后很久没再回来，苹果树很孤单

4. 在文中摘录一句体现苹果树"难过"的句子，抄在下面的横线上。

_____

_____

5. 在你眼里，文中的苹果树有怎样的品质？为什么？用一两句话说说你的理由。

_____

_____

快乐练笔

展开想象写一写，如果你是文中的男孩，你会怎样和苹果树相处？

_____

_____

_____

_____

阅读链接

　　课文和选文都体现了"奉献"精神，而《安徒生童话》中《母亲的故事》里那位坚强勇敢的母亲用生命诠释了何为奉献，感兴趣的同学快去读一读吧！

母亲的故事

　　母亲走进那片树林，发现路上全是挂着冰柱的荆棘，母亲问："荆棘，你看到死神抱着我的孩子经过这里吗？"

　　荆棘说："你把我抱在胸口上温暖一下，我就告诉你。"

　　于是母亲抱起荆棘放在胸口，尖刺把她的胸口扎出了血，她也不觉得疼，随后荆棘就告诉母亲应该走的方向。不久，母亲来到一个大湖边。

　　大湖说："你的眼睛真美，如果你能把眼睛送给我，我可以把你送到对岸。每棵树每朵花儿都代表一个人的生命，我想你的孩子也许已经变成了一朵花儿。"

　　母亲说："只要能得到我的孩子，我什么都可以给你！"说完她就把眼睛留给了大湖，大湖把母亲托起来送到了对岸。

　　母亲继续向前摸索着……

（本文选自《安徒生童话》，选文时有改动）